La mitad de mí

europa
ediciones

Datos imagen portada: Pensamientos. Begoña, 23 de noviembre
de 2024, San Antonio de Requena. Pintura original

© 2026 **Europa Ediciones** | Madrid

www.grupoeditorialeuropa.es

ISBN 9791256961597

I edición: enero del 2026

Curadores: Dra. Rebeca Zurru Fernández y Samuel Pérez Sánchez

Distribuidor para las librerías: **CAL Málaga S.L.**

Impreso para Italia por *Rotomail Italia S.p.A. - Vignate (MI)*

Stampato in Italia presso *Rotomail Italia S.p.A. - Vignate (MI)*

La mitad de mí

Begoña Fernández García

A ti, que sostuviste el mundo con tus manos, que sembraste amor en cada gesto, que escribiste para no olvidar, que viviste para transformar.

Este libro rinde homenaje a su autora, Begoña Fernández García, madre, compañera, amiga, guía y mujer de luz, que alzó su vuelo el 21 de marzo de 2025 y nos dejó la eternidad de sus palabras.

Índice

Introducción

Gracias, Begoña, por enseñarnos que el alma no tiene escalofríos. Que el amor no tiene fin. Que la vida, cuando se vive con conciencia, se convierte en poesía. Este libro es mucho más que una biografía. Es un legado. Una travesía íntima por la vida de Begoña Fernández García, contada no solo a través de los hechos que marcaron su existencia, sino también —y, sobre todo— a través de sus propias palabras.

Cada carta, cada poema, cada reflexión es una ventana abierta a su mundo interior: luminoso, complejo, valiente. Begoña no escribía para ser leída, escribía para existir. Para comprenderse. Para amar. Y en ese gesto íntimo, nos regaló una obra tejida con amor, con lucha, con ternura, con poesía. Este libro recoge su voz, pero también su alma. Es un testimonio de vida, de entrega, de transformación. Begoña fue madre, esposa, hermana, amiga, trabajadora incansable, mujer de fe, de arte, de conciencia. Vivió con intensidad, amó sin medida, y escribió con el corazón. Su voz atraviesa el tiempo y se instala en quien la lee, como una melodía o maestra que no se olvida.

No es una biografía en el sentido tradicional. Es una constelación de momentos, emociones y pensamientos que describen una parte de ella. Es el pulso de una mujer que convirtió su vida en una ofrenda. Que, incluso en la fragilidad, siguió siendo fuerte. Que, incluso en el dolor, siguió amando. Que, incluso en la duda, eligió la verdad.

Este libro está compuesto por diferentes partes que se entrelazan entre ellas para ofrecer una visión íntima y plural de Begoña. No pretende definirla, sino aproximarse a ella desde múltiples ángulos, como quien contempla un paisaje que se transforma bajo distintas luces —del mismo modo en que Monet, en su afán por capturar la fugacidad del instante, pintaba una y otra vez el mismo motivo, revelando sus variaciones sutiles a lo largo del día y las estaciones. Así, cada sección de este libro se convierte en una ventana abierta a su historia, a su forma de sentir y de resistir, componiendo un retrato que no se impone, sino que se revela con delicadeza.

La primera parte es una narración que recorre su vida con respeto, como si alguien la observara desde fuera, sin invadir ni modificar, solo acompañando. Es un resumen selectivo de capítulos de su historia, contados con delicadeza, que nos sitúan antes de llegar a *El baúl de Begoña*. Esta segunda parte reúne cartas escritas en momentos clave de su historia. En ellas, el lector puede escuchar su voz directa, sincera, a veces vulnerable, otras firme. La tercera parte, *Cuaderno de memorias*, incluye notas breves, pensamientos dispersos, escritos que, en su mayoría, nacieron después de sufrir un ictus. Son destellos de conciencia, intuiciones, fragmentos que revelan su mundo interior sin necesidad de mayores explicaciones. La cuarta parte, *Susurros*, es un ramo de poemas que no pretenden definirla, pero la contienen, y cierran este libro.

Estas cuatro formas de contar —la mirada externa, la voz escrita, el pensamiento fragmentado y la expresión poética— permiten acercarse a Begoña desde distintas perspectivas. Y juntas revelan una pequeña parte del recorrido de una mujer que, en medio del dolor y la transformación, siempre eligió permanecer firme.

A lo largo de estas páginas también se incluyen algunas obras visuales realizadas por Begoña. Estas piezas no solo acompañan el texto, sino que lo expanden: son huellas tangibles de su proceso creativo y emocional, trazos que revelan una voz que se reconstruye desde dentro.

Juntas completan el retrato íntimo de una mujer que convirtió el arte en refugio, en testimonio, en camino.

Preámbulo

La primera sección de este libro ofrece una aproximación narrativa a la vida de Begoña, construida desde la escucha atenta y la observación cuidadosa. Se trata de una reconstrucción, de una evocación serena, tejida con respeto y ternura. Fue escrita por Samuel Pérez Sánchez, a quien Begoña llamaba "Sam", como se llama a los amigos que se ganan un lugar en el corazón.

Durante varias tardes compartidas, sabiendo que este libro algún día vería la luz, ella le relató su historia: no como una cronología, sino como una conversación entre almas. Sam escuchó con atención, con afecto, con la paciencia de quien comprende que incluso el silencio tiene algo que decir. Lo que aquí se recoge no es una biografía exhaustiva, sino una mirada amorosa sobre algunos momentos que marcaron su vida, los gestos que la definieron y las decisiones que la transformaron.

Aunque Begoña compartió sus recuerdos de forma espontánea y fragmentada, esta sección se organiza en nueve capítulos que siguen un orden, desde la infancia hasta la madurez. Cada uno de ellos traza una etapa significativa de su recorrido vital, permitiendo al lector acompañarla en su evolución personal y emocional.

Sam se acercó a ella desde múltiples ángulos, buscando revelar la esencia cambiante de una mujer que vivió con intensidad, que amó sin medida y que eligió contarse para permanecer. Cada capítulo es una pincelada sobre el lienzo de su vida, una escena que revela sin exponer, que muestra sin juzgar.

Lo que sigue es el retrato de una mujer en movimiento, en lucha, en plenitud. Es el inicio de un recorrido que no busca cerrar, sino abrir: abrir la puerta a su mirada, a su forma única de estar en el mundo y comprenderlo.

Rebeca Zurru Fernández

Capítulo 1: La niña que aprendió a volar

Begoña nació el 28 de junio de 1961, en Castellón de la Plana. Su madre tardó tres días en darla a luz, un parto largo, doloroso, como si el mundo estuviese esperándola y ella se hiciese de rogar. Dicen que cuando finalmente lo hizo, el primer contacto con la vida la envolvió en oscuridad. Llegó al mundo casi negra, sin un solo pelo en la cabeza, como si aún no estuviera del todo preparada para respirar el aire de este lado. —Parecías un carboncillo —le contaba su madre, riendo con una risa que se escapaba como un suspiro entrecortado cada vez que hablaba de aquel momento.

Su padre era un hombre de una presencia arrolladora, como un roble en medio de un campo. Moreno, de piel tan oscura como la de ella, fuerte, con el cuerpo siempre tenso, como si la vida lo hubiera moldeado con rigurosidad. Su pelo ondulado siempre estaba perfectamente peinado, y llevaba ese tupé a la perfección, como una corona que nunca se desmoronaba. —A tu padre se le caían las mujeres encima, se las tenía que quitar —decía su madre, con una sonrisa que sabía de lo que hablaba.

Su madre era un ser de otro mundo. Bellísima, de ojos azules como el cielo despejado. Le gustaba mirarla cuando se arreglaba frente al espejo. Orgullosa de ser su fruto, se veía como ella, intentaba reflejarse en sus actitudes, en su forma de ser. Confirmando que de ella obtuvo sus mejores cualidades.

Desde pequeña aprendió que la naturaleza era un regalo divino. Y también la fantasía era parte de su vida: «Tu fantasía me fascina», Maruja le escribió una vez. Así, lo mágico y lo natural tejieron desde siempre los hilos invisibles de su mundo, y lo seguirían haciendo para siempre.

Vivía en una casa pequeña, pero con mucha vida. Su infancia fue de mucha alegría. Era la mayor de siete hermanos: Brígida, Montse, Reyes, Emilia, Juan Antonio y David. Su hogar nunca estuvo en silencio. Siempre había alguien que gritaba, se reía o cantaba.

Las noches eran bulliciosas. Les costaba dormirse, sobre todo en verano. El calor pegajoso les hacía dar vueltas en la cama. —¡Papá, cuéntanos un cuento! —gritaban en coro. Él, cansado de trabajar en la obra, suspiraba y sonreía. Se sentaba en el borde de la cama y comenzaba alguna historia inventada. Sus cuentos eran cortos, muchas veces sin sentido, pero les encantaba escuchar su voz. —Había una vez un hombre tan fuerte que podía levantar una montaña entera… —empezaba, y ellos se apretaban unos contra otros, imaginando héroes con fuerzas insuperables.

Cuando llegaba del trabajo, jugaba con ellos. Se tumbaba en la cama, les ponía los pies en la barriga y los levantaba en el aire. —¡Uno a uno, que no soy una grúa! —decía entre risas. Les encantaba. Les hacía sentir como si volaran.

Cualquier domingo del año era para el campo, para escapar del bullicio de la ciudad, para sumergirse en la calma de la naturaleza. Toda la familia, primos, tías y tíos se iban a pie, con las mochilas cargadas de bocadillos y risas. El destino, un río lejano, los esperaba siempre con la misma serenidad.

Allí, junto al río, asaban patatas en una improvisada fogata. El calor de las brasas llenaba el aire mientras las risas y los gritos se mezclaban con el sonido del agua corriendo. Jugaban a los indios y vaqueros, en un mundo donde el tiempo no existía y las reglas las ponían ellos.

Su tía Fina, con su sonrisa traviesa y su espíritu desbordante, siempre encontraba la manera de hacerlos reír a todos, desarmándolos con su energía contagiosa. Se doblaban sobre la hierba, sujetándose la barriga, con lágrimas en los ojos de tanto carcajear. Su madre la reñía a medias, sacudiendo la cabeza con una sonrisa imposible de ocultar.

Las horas se deslizaban sin que se dieran cuenta. Poco a poco, el sol comenzaba su lento descenso, tiñendo el cielo de tonos dorados y naranjas. Recogían las sobras del picnic, sacudían las mantas y emprendían el camino de regreso, cansados pero felices. Caminaban en fila, con el cansancio dulce de quien ha vivido un día bien aprovechado. Y así, cada domingo, el río los recibía y los despedía, guardando en su corriente las risas, los secretos y la magia de aquellos días que, sin saberlo entonces, serían algunos de los recuerdos más hermosos de sus vidas.

Pero hubo una época en que todo cambió. Ella recuerda la discusión más fuerte que escuchó entre sus padres, una que pareció romper el silencio de toda la casa. La atmósfera estaba cargada de algo denso, como si un torbellino de emociones apretara el aire, empujándolos a todos a un rincón invisible del hogar. —¡Papá, basta! —gritó, aunque su voz temblaba.

No sabe qué habría pasado si no hubiera intervenido. Tal vez, su grito fue lo que los detuvo por un momento, como si algo en su voz les recordara que no solo existían ellos dos, sino también sus hijos, atrapados entre la furia, el silencio y la desesperación.

Con el tiempo, a los nueve o diez años, entendió lo que significaba ser pobre. Fue feliz, sí. Pero también aprendió, quizás demasiado pronto, lo que era el miedo, la escasez y la carga de la responsabilidad. Y aquella niña que reía sin cesar pronto descubriría que el mundo era mucho más grande, más duro, pero también más hermoso de lo que jamás había imaginado.

La pobreza siempre estuvo presente en la infancia de Begoña, pero durante un tiempo no fue consciente de lo que realmente estaba pasando. Era pequeña, disfrutaba, jugaba, reía, y la escasez estaba allí, pero sus padres la hacían invisible. Para ella, la falta de dinero era solo un detalle, algo que se perdía entre los juegos y las risas del día a día.

En el colegio anunciaron que habría una carrera, y todos los niños, emocionados, empezaron a hablar de lo rápido que correrían, de lo lejos que llegarían. Ella también sintió una chispa de emoción encenderse en su pecho, una pequeña llama de esperanza. La única diferencia entre ellos y ella era que ellos tenían zapatillas deportivas, nuevas y brillantes, mientras que ella solo llevaba unos mocasines marrones, y no muy de su talla.

—Mamá, nos han dicho en el colegio que vamos a tener una carrera —dijo. —Cariño, corre con lo que tienes —respondió su madre, con voz cálida. —No las necesito —mintió, sin atreverse a mirarla a los ojos, buscando una respuesta que no la traicionara.

Al empezar la carrera, descubrió que sus pasos avanzaban por encima de todos los demás niños, y entonces empezó a correr más fuerte todavía, sintiendo una resistencia inaudita. Corrió con todas sus ganas. Sintió el aire en la cara, la adrenalina en las piernas.

Llegó cuarta. La maestra la felicitó, y aunque sus pies dolían, su alma flotaba. Su madre, al recordarlo años después, siempre decía que había sido la primera. Y no hablaba de mocasines ni de pobreza, sino de cómo aquel día su Begoñita voló.

Aprendió todo lo que tenía: valentía, tenacidad y fuerza. Y la voz de su madre, siempre suave, le recordaba que, sin importar las circunstancias, lo importante era luchar por lo que uno quiere.

Tenía unos diez u once años cuando entró por primera vez a trabajar en una peluquería. Nada que ver con las peluquerías glamurosas que veía en la televisión, llenas de colores brillantes y sillones elegantes. El suelo estaba cubierto de polvo y las paredes, ya algo desconchadas, parecían susurrar historias de tiempos mejores.

No había lavaderos de acero inoxidable ni espejos gigantes, solo cubos de agua, toallas apiladas en un rincón y un sinfín de tareas que la mantenían corriendo de un lado a otro. Sus brazos estaban agotados, pero su corazón lleno de curiosidad y templanza.

Su trabajo consistía en lavar cabezas, cargar toallas mojadas, llenar y vaciar cubos de agua, y limpiar cada rincón de la peluquería, mientras la dueña se encargaba de los cortes y tintes, algo que ella, por supuesto, no dominaba. No era peluquera, solo hacía lo que podía para ganar algún dinerillo.

—Venga, Begoñita, enjuágale bien el pelo a la señora —decía la dueña con su voz dulce, una voz que se colaba por las paredes estrechas del local. Sus manos, siempre húmedas, se movían con la destreza de alguien que había

19

repetido esos mismos gestos una y otra vez, día tras día durante largos años.

Entre los aromas fuertes de los productos capilares y el murmullo de conversaciones ajenas, todo lo que conseguía, aunque fuera poco, iba directo a casa. Y su madre lo recibía con sus dulces ojos de agradecimiento. —Gracias, hija. Nos viene bien —decía, acariciándole la mejilla con una suavidad que la hacía sentirse pequeña, aunque en ese momento empezaba a sentirse una mujercita.

Trabajar, para ella, era su manera de ayudar, de sentir que valía para algo más que los juegos infantiles. Pero, en el fondo, seguía siendo una niña, y la sombra de esa niñez se le escapaba por los rincones de cada día.

A los doce años dejó la peluquería y comenzó a trabajar por las noches en el hospital con Maruja, su incansable madre. Junto a su hermana Brígida, limpiaban pasillos y organizaban habitaciones. Era una vida de sacrificio, pero ya no le sorprendía; se había convertido en parte de su rutina, en algo que se esperaba de ella.

Su madre las llevaba al hospital por la tarde, cuando la luz empezaba a desvanecerse. Allí, entre camillas y salas de espera, trataban de descansar lo mejor que podían, a menudo tumbadas en alguna camilla. Cuando llegaba el turno, su madre las despertaba, como un suave recordatorio de que, aunque el sueño se acumulaba, la vida seguía. —Vamos, niñas, que ya es hora, hay que trabajar —les susurraba.

A veces, simplemente se sigue el camino que toca, sin pensar demasiado. Aunque era solo una niña, vivía el presente. Su meta era aliviar las preocupaciones de su madre y cubrir las necesidades de la familia.

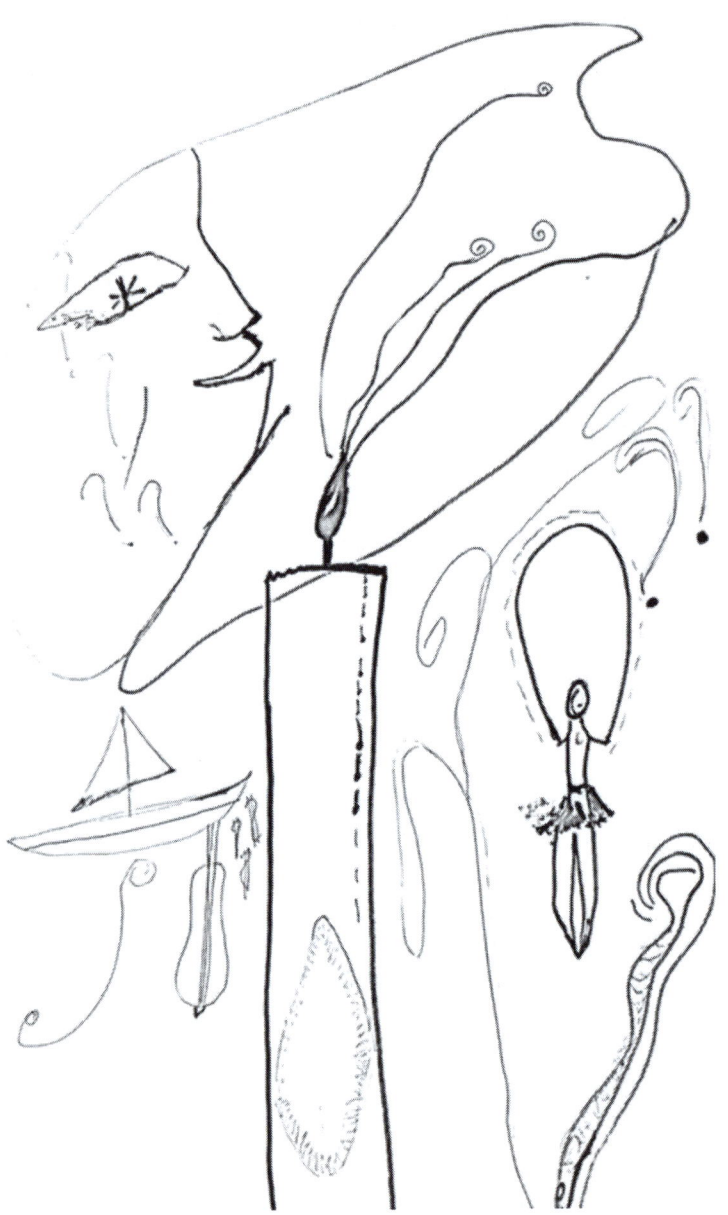

Deseo. Begoña, 5 de marzo de 2015, Bétera. Dibujo original.

Capítulo 2: El engaño del elixir

La primera vez que hizo la maleta no tenía claro si se iba o si huía. La diferencia es sutil, pero la sentía en el pecho, como una presión que no se despejaba. El aire estaba más denso esa mañana, como si el peso de la decisión la aplastara sin querer.

—Cuídate mucho, hija. Y ve contándonos cómo estás —le dijo su madre, dándole un apretón en el hombro mientras la veía alejarse. Ella miró su rostro lleno de una ternura que le dolía reconocer. Sonrió, aunque no sentía las palabras en la garganta.

Se marchó a Puigcerdá con una mezcla de miedo y emoción. Miedo porque nunca había vivido sola, emoción porque, por primera vez en su vida, era dueña de su destino, aunque no sabía si eso era algo bueno.

El viaje fue largo y silencioso. A medida que el paisaje cambiaba, el tiempo frío se hacía presente. Las montañas también aparecían, en el fondo, dándole la bienvenida. La sensación de estar a punto de empezar algo nuevo la envolvía.

Llegar a Puigcerdá fue un impacto. No se parecía en nada a Sabadell. Todo estaba limpio, más ordenado. Las calles, amplias y elegantes, parecían sacadas de una postal.

La tienda de ropa donde trabajaría estaba en pleno centro y tenía escaparates llenos de preciosas y elegantes prendas. Allí conoció a Cacu. Él fue quien le ofreció el trabajo.

Las primeras semanas fueron un cúmulo de torpeza y pequeños descubrimientos. Aprendió a montar bonitos escaparates con flores y reflejos. Le fascinaba trabajar en aquella tienda de ropa donde la trataban como a una hija más de la familia.

Una noche, después de cerrar la tienda, Cacu la esperó en la puerta y la invitó a dar una vuelta. Aunque al principio dudó, accedió sin pensarlo mucho, atraída por su confianza y la invitación a salir de su rutina habitual...

Él le habló de una libertad que nunca había conocido, de vivir sin ataduras y de disfrutar cada instante como si fuera único. Para ella, esa forma de vida parecía tan lejana y difícil de alcanzar como un sueño imposible.

Los años siguientes fueron borrosos. Los días en la tienda le empezaron a parecer monótonos. Los clientes, las telas, los saludos mecánicos. Empezó a ver todo con otros ojos. Se acostumbró a Cacu: a vivir con él, a hacer sus planes, a entender sus actitudes y a copiarle en algunas.

Se sentía incómoda, como si estuviera en un lugar que no le pertenecía. Pensaba en su madre, en lo que le había enseñado, en cómo la había criado para no rendirse, para seguir adelante sin perderse. No podía dejar que su vida se convirtiera en eso. Sabía que no podía permitírselo.

Una noche, todo cambió.

Al principio, sintió el mismo hormigueo de siempre, el mismo calor en el pecho, la misma euforia repentina. Pero esta vez, algo fue diferente. Un escalofrío subió por su espalda, sus manos empezaron a temblar y el aire se volvió denso, difícil de respirar.

El tiempo dejó de existir.

No sabe cuánto duró, pero recuerda la sensación de caer, de hundirse en un vacío oscuro y sin fondo. Quiso gritar, pero no tenía voz. Quiso moverse, pero su cuerpo ya no le pertenecía.

Y entonces lo vio.

Vio su propio cuerpo tendido en el suelo, pálido, inmóvil, con los ojos abiertos, vacíos. Vio a Cacu sacudiéndola, gritándole algo que no entendía. Y, de repente, un golpe seco. Algo la arrancó de esa pesadilla, como si hubiera sido arrojada de golpe a la realidad. Parpadeó.

El mundo seguía moviéndose, pero ya no era un torbellino de sombras y rostros irreales. Poco a poco, las formas empezaron a tomar sentido. Una pared. Un mueble. Un techo. Un rostro que la miraba con urgencia. —Bego… ¡Bego, despierta!

Todo era borroso, confuso. Su mente intentaba entender qué había pasado, pero la sensación de muerte, de sobredosis, seguía ahí, anidada en su pecho, agarrada a su garganta como una garra invisible. Ella, que nunca se sintió parte, se vio involucrada como si el caos la hubiese elegido para estallar. Y, aun así, en medio de todo, sabía que tenía que terminar. Que, si no cortaba el hilo ahora, la arrastraría con él y la adicción hasta el fondo.

Habían oído hablar de El Patriarca, una pequeña asociación en las afueras de la ciudad, dedicada a la desintoxicación a través del trabajo físico y mental, sin químicos, sin paliativos. Era otro enfoque, algo mucho más crudo, pero lo que necesitaban para realmente empezar de nuevo.

Cuando llegaron, la diferencia fue inmediata. No había hospital, ni camas blancas, ni el zumbido constante de máquinas. En su lugar, había un terreno enorme, lleno de hortalizas, huertos y pequeños edificios de madera que se extendían a lo largo del centro. El aire era fresco, algo que no habían respirado en mucho tiempo. Era una forma radical de empezar a sanar, trabajando con las manos, sembrando, podando, construyendo, cada día.

El lugar, en sí, no era nada común. El Patriarca estaba enclavado en un rincón apartado, rodeado de naturaleza salvaje, pero con una serenidad que casi parecía un sueño. A ese primer centro, se llegaba por una cuesta flanqueada de árboles gigantescos, como si la propia naturaleza quisiera resguardar aquel sitio del resto del mundo.

La casa, que parecía más un palacio que una institución, se alzaba imponente como un viejo castillo, con una escalinata central y jardines que lo rodeaban como una corona verde. A ambos lados, dos medias lunas flanqueaban su estructura, y en el centro, un círculo ajardinado aportaba una sensación de armonía calculada.

Entraron por una puerta lateral de madera maciza que parecía guardar siglos de historias. Por dentro, las puertas de cristal dejaban pasar una luz tenue que se deslizaba por los suelos, dando al lugar un aspecto ligeramente lúgubre, como la casa de una bruja. Sin embargo, no era un sitio oscuro, sino profundamente evocador: todo estaba diseñado para imponer respeto, belleza, arte y creatividad.

Los suelos eran de madera pulida que crujía con cada paso, y los muebles, elaborados a mano, hablaban de un refinamiento rústico. Las paredes, de piedra trabajada por sus propias manos, guardaban no solo el frío de la montaña, sino también el calor de su entrega. No había un objeto fuera de lugar. Todo respondía a una lógica invisible, a un orden que no era solo funcional, sino simbólico.

El trabajo se convirtió en su terapia y en su forma de vida. Los días en El Patriarca se convirtieron en semanas. Luego en meses. Y, durante años, cada vez que ella observaba todo lo que había a su alrededor, sintió calma. Una certeza silenciosa le recorría el pecho: aquello era para lo que había nacido.

Al principio, se ocupaba del *sevrage*. Poco a poco, se convirtió en el reflejo de lo que los demás necesitaban: una presencia firme, que no temblara, que ofreciera tisanas y curas. Pero también empezó a notar que la entrega a la comunidad no era solo física, sino también emocional y espiritual. Pasaba mucho tiempo con Lucien. Pasados los primeros años de terapia, él la hizo partícipe de sus próximas acciones humanitarias.

Capítulo 3: Nuevos horizontes

El sol de la tarde se filtraba por los ventanales de la sala común, tiñendo de dorado las mesas de madera tallada a mano. Afuera, los jardines florecían con la misma calma ordenada que regía todo en aquel lugar. El sonido de las herramientas en el taller resonaba a lo lejos, acompañado de las risas de algunas compañeras. Pero dentro, en aquel instante, solo estaban Lucien y Begoña.

—Allí podrás ayudar a los que más lo necesitan —dijo él con su tono pausado, ese que usaba cuando quería convencer sin dejar espacio a la duda—. Es una misión importante, y estamos seguros de que eres la mejor responsable para ello.

Ella se quedó en silencio por un momento. Lucien le estaba proponiendo marcharse lejos, fuera de Europa. Sintió una mezcla extraña de emociones.

—Tenemos que mandar dinero a Nicaragua —continuó él—, y prefiero que lo lleves tú. Así puedes ver el entorno, ampliar la asociación, etc.

No lo pensó demasiado.

—Está bien. Acepto.

El viaje fue largo y agotador. Al llegar, el calor húmedo la golpeó con fuerza.

Nada la había preparado para lo que iba a encontrar: calles de tierra llenas de baches, casas de madera improvisadas, niños corriendo descalzos con las ropas raídas. La pobreza que había conocido en España no se comparaba con lo que veía allí.

Fue el comienzo de una nueva etapa en su colaboración con uno más de los tantos proyectos que llevaba El Patriarca.

La primera noche en Nicaragua la pasó sin pegar ojo. No era solo por el cambio de país, ni por la humedad pegajosa que se filtraba en las paredes de su pequeña habitación. Fue porque, al encender la lámpara de la mesita, vio cómo un escorpión negro y reluciente descansaba junto a su reloj.

Se quedó inmóvil, sintiendo cómo la adrenalina le hacía temblar las manos. No tenía idea de si aquella criatura era venenosa o no, y tampoco se atrevía a moverse demasiado. Finalmente, con una escoba logró espantarlo sobre el suelo de baldosas gastadas. «Bienvenida a Nicaragua», pensó.

Su habitación era un pequeño cuarto con una cama dura y una mesita de madera desvencijada. Pero no se quejó. Allí, en medio de una tierra que no conocía y costumbres nuevas, tenía que encontrar su lugar.

Desde el amanecer, sus días estaban llenos de actividad. Se levantaba temprano, a veces con la luz grisácea que anunciaba las lluvias matutinas, y se preparaba para visitar los centros, donde al llegar y al irse, la seguían corriendo decenas de niños nicaragüenses gritando su nombre. Otros días, salía a los pueblos de alrededor para presentarse ante los dirigentes locales.

Y así fue. Aprendió a sentarse en los porches de los alcaldes, a compartir un café amargo bajo los árboles frondosos, a reírse con los chistes locales, aunque no siempre los entendiera. Aprendió que, en Nicaragua, más que en cualquier otro lugar, todo se movía a través de las relaciones personales y vibrantes colores.

Poco a poco, la asociación empezó a tomar forma. Organizaron clases para los niños huérfanos que llegaban a sus puertas, los alimentaban, los vestían, les ofrecían un techo donde poder dormir y desarrollarse como personas. Pero no todo era fácil.

Las donaciones llegaban, pero no siempre iban a donde debían. Más tarde le escribiría a Lucien, decepcionada por la falta de ética que se vivía detrás del discurso solidario. Nadie quería gastar dinero en algo que no consideraban una prioridad. La venta de libros, que en Europa era su principal fuente de ingresos, allí no funcionaba igual.

Fue entonces cuando comenzaron a organizar fiestas benéficas. No era algo común en la zona, pero pensaron que podía funcionar. Ella habló con empresarios locales, con dueños de restaurantes y bares, y poco a poco lograron organizar eventos donde la gente iba a bailar, a disfrutar de la música y, al mismo tiempo, a donar dinero para la causa.

Las primeras fueron pequeñas, apenas unos cuantos asistentes, pero pronto se convirtieron en algo más grande, con pintores, alcaldes, artistas populares, músicos, cantantes. Sobre todo, había que conseguir apoyo de los sandinistas.

Sentía que realmente estaba haciendo algo bueno. Por fin estaba construyendo algo diferente. Algo que, esta vez, sí valía verdaderamente la pena.

Por las mañanas, ella regaba las plantas del patio: arbustos, flores tropicales, semillas que alguna vez había

31

recogido con las manos llenas de esperanza. Su amor por las plantas venía de antes, pero allí era refugio, oración silenciosa.

Cuando llegaron al aeropuerto, el calor era sofocante. A ella le costaba adaptarse al clima de aquel lugar. La humedad se pegaba a la piel como una segunda capa de ropa, asfixiante, y el aire denso hacía que respirar fuera un esfuerzo.

Los compañeros le informaron que debían recoger a un grupo de personas: una familia y un chico solo, nuevos miembros de la asociación que, como muchos antes que ellos, llegaban con la esperanza de encontrar un nuevo comienzo.

Apenas prestó atención a los rostros que iban apareciendo en la terminal. Hombres y mujeres con maletas gastadas y expresiones cansadas, algunos con la mirada perdida, otros sorprendidos por el calor. Y entonces aparecieron: primero la familia, después él.

No supo su nombre al principio. Solo que era italiano, que su piel dorada por el sol contrastaba con la blancura de su camisa, y que su pelo rizado parecía esculpido por las mismas manos que moldearon las estatuas de mármol en Roma. No la miró, y ella tampoco hizo nada por llamar su atención.

Solo notó su presencia, como se nota una corriente de aire fresco en un día insoportable.

Durante semanas, apenas cruzaron palabra. Él estaba en su proceso, y ella demasiado ocupada con sus labores como responsable. Pero un día, le asignaron un nuevo rol en la asociación: sería su chófer.

—A partir de ahora, Roberto te acompañará en los viajes —le informó otro de los responsables con tono definitivo—. Necesitas a alguien que te lleve y que esté pendiente de ti.

Ella lo miró de reojo. Robi estaba apoyado contra la pared, con los brazos cruzados y una expresión neutra, como si la decisión le fuera completamente indiferente. No protestó. Sabía que viajar sola por Nicaragua no era la mejor idea.

A veces las carreteras eran traicioneras, las distancias largas, y nunca faltaban los imprevistos. Tener a alguien que la acompañara significaba que podía centrarse en su labor sin preocuparse por los caminos de tierra, las lluvias torrenciales o los puestos de control improvisados.

Hasta entonces, Roberto y ella habían compartido pocos momentos.

Había notado su presencia, claro. ¿Quién no lo haría? Era un hombre de esos que parecen sacados de otro tiempo, con su porte seguro, sus rizos oscuros y esa manera de moverse que transmitía calma, como si nada pudiera alterarlo. Pero ahora, iban a pasar días enteros juntos, recorriendo carreteras, haciendo planes que de otra forma serían impensables.

No dijo nada más. Solo tomó sus cosas y caminó hacia la camioneta, sintiendo su presencia siguiéndola de cerca. No sabía aún si aquello era una ventaja o un problema.

Con el tiempo, los silencios se fueron llenando.

—¿Siempre has hecho esto? —le preguntó él en uno de los viajes, mientras revisaba el mapa.

—No. Antes estaba en Francia, en otro centro.

—¿Y por qué viniste aquí?

Ella se encogió de hombros.

—Porque me lo propusieron.

Él asintió, pero no insistió.

Con los viajes comenzaron a conocerse mejor. Lo que antes eran silencios incómodos dentro de la camioneta, con la radio de fondo y la tensión flotando en el aire, se convirtieron en conversaciones cada vez más cómodas, en bromas que solo ellos entendían. Eso le gustaba, le encantaba; adoraba tener un idioma propio, su propia forma de entenderse.

Visitaban otros centros de la asociación, se aseguraban de que todo estuviera funcionando bien, y se reunían con dirigentes locales. Pero cuando el trabajo terminaba, el resto de la jornada era suya.

Les quedaban por delante las interminables carreteras, el polvo que se pegaba a la piel, las paradas improvisadas en pequeños puestos de comida donde probaban cosas que ninguno de los dos conocía, algunas de las cuales les hacían reír hasta llorar, mientras que otras los dejaban retorciéndose por el picante.

Y, en esos momentos, cuando el calor de la tarde se volvía insoportable, se detenían bajo la sombra de algún árbol solitario. Compartían un refresco, envasado en una bolsita de plástico a la que agujereaban uno de sus lados, mientras él le contaba historias de Italia y ella hablaba de todo lo que había dejado atrás.

Ella recordaba aquellos momentos como mágicos, preciosos, instantes donde la felicidad de ambos rebosaba.

Una de esas noches, mientras estaban sentados sobre el capó de la camioneta, él la miró de reojo, casi como si no quisiera que lo notara.

—¿Sabes lo que más me gusta de estas misiones? —preguntó, aunque no esperase ninguna respuesta por su parte.

—A ver, sorpréndeme —respondió ella, apoyando los codos sobre sus rodillas.

—Que nunca sé qué versión tuya voy a encontrar —contestó con media sonrisa—. A veces eres la mujer seria y ocupada que toma notas y negocia con políticos, y otras... eres la que se ríe hasta llorar porque se ha quemado la lengua con un café demasiado caliente.

Ella rodó los ojos, pero sonrió.

Roberto ladeó la cabeza, con esa media sonrisa que parecía esconder algo peligroso. Se inclinó apenas hacia ella, sin romper la distancia del todo, pero lo suficiente para que pudiera sentir el calor de su cuerpo.

Ella no apartó la mirada. Él permaneció en silencio, como si estuviera decidiendo si debía seguir hablando o dejar que el peso de sus palabras hiciera su trabajo. Luego sacudió la cabeza con una sonrisa y bajó la mirada, sabiendo que había dicho más de lo que debía.

Algo empezó a surgir entre ellos. Algo que ninguno de los dos nombraba, pero que flotaba en el aire como una posibilidad. Algo que sería eterno.

Capítulo 4: Un apretón de manos

El aire estaba impregnado de un calor pegajoso, y el murmullo lejano de los grillos envolvía el ambiente. Poco después, ella necesitó ir al baño, que estaba fuera de la casa. Se levantó en silencio, descalza. Al salir, el aire fresco la envolvió, y mientras sus ojos se acostumbraban a la oscuridad, vio algo que la detuvo en seco.

Robi estaba bajo un árbol de mango, con el torso desnudo, dejando que el agua de una ducha improvisada por una manguera cayera sobre su piel. No era raro que alguien se duchara allí; el agua fría era un alivio en ese clima caluroso. Pero esa imagen, a esa hora de la noche, iluminada por la luz tenue de la luna, se quedó grabada en su mente de una forma inesperada.

Lo observó un segundo más de lo que debía. Pensó en lo pulcro que era ese chico, en lo diferente que era a todos los hombres que había conocido. Y, por un momento, también pensó en lo mucho que le gustaba.

Sacudió la cabeza, tratando de apartar esos pensamientos, y siguió caminando hacia el baño.

Esa noche les tocó compartir habitación.

El silencio entre ellos no era incómodo. De alguna manera, ambos entendían que no hacía falta hablar más. Sabían que eso no lo haría más fácil.

Él se quedó mirándola, como si estuviera decidiendo algo muy importante. Pero no dijo nada. Su expresión era indecisa, como si estuviera atrapado entre dos pensamientos opuestos.

Finalmente, con un gesto casi casual, extendió su mano hacia ella, como si fuera lo más natural del mundo. En ese instante, todo el ruido del entorno desapareció, y el tiempo se estiró, suspendido en ese breve segundo de contacto.

Su mente estaba llena de preguntas, pero algo dentro de ella la empujó a seguir el impulso. Sus dedos se rozaron tímidamente. Pero luego, sus manos se entrelazaron suavemente, como si, al fin, pudieran encajar.

Su relación fue evolucionando de manera tranquila, sin grandes altibajos, pero con una base sólida. La conexión no era solo física, sino emocional. Se apoyaban mutuamente, reían, compartían más momentos que palabras. Nadie hizo grandes anuncios, pero sus compañeros empezaron a notar que algo había cambiado. Los rumores eran suaves, como las bromas de siempre, pero con el tiempo, todos aceptaron su relación.

No pasaron muchos meses hasta que ambos se dieron cuenta de que lo que estaban construyendo era algo serio.

Todo sucedió tan rápido que ella apenas tuvo tiempo de asimilarlo.

Habían vuelto a Europa y estaban en Benigánim, cerca de Játiva, donde la asociación tenía un centro. Aquel día, entre la tranquilidad de las instalaciones y el bullicio provocado por la visita de algunos compañeros, sintió algo extraño en su vientre. Al principio no supo identificarlo, pero pronto comprendió que su cuerpo le estaba avisando: las contracciones comenzaban a intensificarse.

Sintió cómo la presión aumentaba y, sin previo aviso, rompió aguas. La adrenalina corrió por sus venas al instante.

Robi estaba cerca. Al escucharla, la miró con calma y comenzó a organizar todo. En cuanto ella le mencionó lo que había pasado, su reacción fue inmediata:

—Bego, vamos al hospital, ahora mismo.

Con su apoyo, subieron a la furgoneta y se dirigieron rápidamente al hospital. Al llegar, la revisaron y le informaron que tenía dos centímetros de dilatación. No había vuelta atrás: el trabajo de parto había comenzado.

Todo se desarrolló más rápido de lo que ella había imaginado. A pesar de los nervios, se sentía segura, rodeada de personas que se preocupaban por ella. Roberto estaba allí, tranquilizándola, asegurándose de que todo estuviera en orden. Incluso con las molestias, sentía que todo iría bien.

Su embarazo había sido estupendo. A pesar de la barriga, se mantenía activa. A veces se sorprendía a sí misma, ya que incluso con el embarazo avanzado, seguía colaborando en los centros, organizando actividades o dando charlas. Su energía parecía inagotable, y no quería dejar de participar en lo que pudiera.

Si alguna vez se sentía cansada o incapaz de hacer algo, no dudaba en delegar, sabiendo que había otros que podían hacerse cargo sin problema. Después de todo, era parte de un equipo, y aunque sus capacidades estaban cambiando, se mantenía conectada a esa red de apoyo que la sostenía.

Finalmente, después de unas horas de trabajo de parto, horroroso, dio a luz a su primera hija, Rebeca. La experiencia fue tan intensa como hermosa. El dolor, las contracciones, las horas interminables, todo se desvaneció en cuanto la vio por primera vez. Su carita, tan pequeña, tan perfecta, le arrancó una sonrisa que no podía contener. No importaba el cansancio ni los días de decisiones difíciles. Rebi estaba allí, y eso era lo único que importaba en ese momento.

Roberto, que no se había separado de su lado durante todo el proceso, incluso cuando posteriormente se quedó dormida, la miró con ternura cuando vio a Rebi en sus brazos.

—Es perfecta, Bego —dijo, con una sonrisa que iluminaba su rostro cansado.

Ella no podía dejar de mirarla, fascinada por la pequeña vida que acababa de traer al mundo. Sus ojos se llenaron de lágrimas, pero no eran de dolor. Eran lágrimas de amor y gratitud. Todo lo que había vivido hasta ese momento había valido la pena solo por tener a Rebeca en sus brazos.

—Gracias, cariño, gracias por estar aquí —dijo ella.

Rebeca comenzó a llorar suavemente, y en ese momento, ella sintió como si el mundo entero se detuviera. La conexión fue instantánea, profunda y poderosa. Por un segundo, todo lo demás dejó de importar. Solo importaba su hija.

Durante esos años, su vida siguió tomando giros inesperados, pero siempre con el mismo propósito. La transición de Nicaragua a España no fue fácil, pero el apoyo que tenía a su alrededor le permitió adaptarse. No era solo la distancia, sino la sensación de que, a pesar de todo lo nuevo, tenía un futuro por delante que quería construir para su hija.

España, aunque al principio le resultaba lejana, poco a poco se convirtió en un lugar donde todo comenzó a tener sentido. Estaba rodeada de las personas adecuadas, y su hija y Robi le daban la fuerza para seguir adelante, para adaptarse, para crear una vida nueva en ese lugar que, al final, se sintió como el mejor hogar posible.

Pasaron dos meses en Benigánim, donde siguieron trabajando y creciendo. Después de ese tiempo, decidieron mudarse a Palma de Mallorca, para abrir nuevos centros. Aquel año, en Palma, tanto Roberto como ella deseaban ampliar la familia y que naciese un varón. Ya tenían pensado el nombre: Andrés, o Andy.

A los pocos meses de estar allí, Robi le dijo una tarde:

—Ven, que te voy a hacer un niño.

Y así fue. Ella quedó embarazada esa misma tarde de la criatura más embriagadora del mundo. No podía imaginar todas las alegrías que ese niño les regalaría.

Recuerda que una tarde estaban en una reunión. La luz entraba tibia por las ventanas y flotaba en el aire una calma serena, como si todo estuviera en su sitio. Escuchaba a una compañera hablar —no recordaba bien quién era ni qué decía— cuando, de pronto, sintió una punzada leve en el vientre. No le dio importancia. Estaba de casi nueve meses, y esas molestias eran frecuentes.

41

En algún momento se incorporó, tal vez para ir al baño o a buscar agua, no lo recordaba con claridad. Lo que sí recordaba era la sensación repentina de humedad bajando por sus piernas. Miró hacia abajo y vio un pequeño charco en el suelo, rodeando sus pies.

Se quedó inmóvil unos segundos, como si no pudiera procesarlo, como si el tiempo se detuviera justo ahí. El corazón le dio un salto y luego pareció quedarse suspendido en un latido largo, expectante.

Era el anuncio de que Andy estaba llamando a la puerta de su vida. El momento había llegado, otra vez.

Rápidamente, uno de sus compañeros le dijo:

—Vamos al hospital. Ya está, Begoña. Tranquila, tranquila.

En el hospital la reconocieron y le dijeron que el parto era inminente. La llevaron a una habitación y la conectaron a un monitor. Al rato vino una enfermera y le dijo:

—¡Uy! Este niño se ha dormido y no se mueve, no parece que tenga muchas ganas de salir. Vamos a esperar. Entretanto, tómate un zumo de frutas a ver si reacciona.

Mientras esperaba, ella no dejó de hablar con Andy. No recuerda qué cosas le decía, pero sabía que estaba teniendo una conversación con su hijo.

Para Begoña, la maternidad no fue solo una experiencia biológica o emocional: fue una revelación espiritual, una fuente inagotable de amor y sentido. Rebi y Andy no fueron simplemente sus hijos: fueron, sus motores y sus refugios.

La maternidad le dio fuerza para seguir luchando, para escribir. Fue su vínculo con la vida, su razón para resistir, su manera de trascender.

En sus palabras, "ser madre es sembrar amor, es perpetuar la esperanza, es abrir el alma para que otros puedan habitarla".

Capítulo 5: El viaje de vuelta

Mallorca los recibió con su belleza deslumbrante. El mar, de un azul profundo, se extendía hasta el horizonte; el aire salado los envolvía, y las calles empedradas se entrelazaban entre casas blancas, abriéndose a paisajes que dejaban sin aliento, con las olas rompiendo con fuerza contra los acantilados. Era un lugar de contrastes: la calma del Mediterráneo frente al rugido del viento sobre las rocas.

Ellos vivían en su querido centro llamado Porreras. Y la sede de la asociación estaba cerca de la casa de Lucien, una mansión sobre el acantilado, con ventanales gigantes que dejaban ver la bahía.

Una tarde, paseaban por el jardín de Lucien, entre árboles frutales, con el mar extendiéndose ante ellos y una piscina de agua clara. La brisa cálida y el sonido de las gaviotas creaban una atmósfera tranquila. Pero ella presentía que lo que Lucien iba a decir cambiaría todo.

—Las cosas en Nicaragua no van bien —dijo él, con esa voz grave que usaba cuando quería que lo tomaran en serio—. Te necesitan allí. Todo está desorganizado... La gente confía en ti.

No la sorprendió del todo, pero algo dentro de ella se agitó. Miró al mar, cuya inmensidad reflejaba el vértigo que sentía en el pecho. Había pasado tanto tiempo desde la primera vez que llegó a ese lugar. Pensar en regresar le generaba emociones encontradas, sobre todo, con los niños.

—¿Cuándo? —preguntó ella, directa, sabiendo que no era una consulta.

45

—Cuanto antes. Primero tú. Luego pueden acudir Roberto y los niños.

Ella asintió despacio. No tenía otra opción, o al menos así lo sintió en ese momento.

Así fue como se marchó, dejó atrás los majestuosos acantilados y los maravillosos centros que con mucho esfuerzo y mimo habían labrado en la isla.

Al mes, Roberto llegó con los niños. Al principio intentaron reestructurar su rutina, convencerse de que su labor seguía siendo importante. Pero nada era igual. Poco a poco, algo se había roto en su visión de la asociación, en su forma de ver a Lucien.

Las noches en Nicaragua tenían algo hipnótico. A diferencia de Mallorca, donde el mar rugía contra los acantilados, allí la brisa cálida los envolvía, con el aroma a tierra mojada y leña quemada. Desde su habitación, podían ver las siluetas de los árboles tropicales recortadas contra la noche, recordándoles que, a pesar del caos en la asociación, el mundo seguía girando.

Y aunque nadie lo decía en voz alta, sabían que el desencanto ya no tenía vuelta atrás.

Roberto y Begoña hablaban de noche, cuando los niños dormían y el calor del día daba paso a la calma tibia de la madrugada. En su pequeña habitación, con la luz tenue de la lamparita proyectando sombras en las paredes.

Se miraron en silencio. No hacía falta más. Cuando se conocieron, la asociación era su propósito común, el motivo que los unió. Creyeron en su misión, en su capacidad para cambiar vidas. Y realmente lo hicieron durante más de quince años. Muchas personas sanaron gracias a ellos.

Pero con el tiempo empezaron a darse cuenta de que estaban atrapados en algo que ya no tenía el mismo sentido. Y cuando entendieron que la nueva visión de la asociación ya no era lo que querían, comenzaron a pensar que, tal vez, era hora de buscar otro camino.

Y, esta vez, sería por su cuenta.

Durante los últimos años en la asociación, los trasladaron a Francia, al *Château de La Canière*. Allí le dieron a ella la responsabilidad de dirigir el centro, un rol que en otro momento la habría colmado de orgullo, pero que ahora solo sentía como un compromiso a medias.

Vivir en *La Canière* fue otra experiencia ambigua: por un lado, era un espacio donde intentaban rehacer su vida con cierta dignidad; por otro, el eco de todo lo que habían vivido seguía retumbando entre las paredes.

Entre tareas, viajes, reuniones y silencios, comprendieron definitivamente que la asociación ya no era su hogar. Y aunque el paso no fue inmediato, dentro de ellos ya se estaba gestando la decisión de alejarse.

Ella apretó los labios y bajó la mirada. Él tenía razón. La asociación ya no era lo que había sido. Lo que en un principio parecía una misión altruista, una forma de ayudar y cambiar vidas, se había convertido en una estructura donde unos pocos vivían con lujos mientras otros seguían luchando por sobrevivir.

Aunque la noticia llegaba con cinismo, era justo lo que necesitaban. Yecla fue el último episodio dentro de la comunidad. Allí, ya fuera del núcleo más rígido, intentaron recomponerse. Pero sabían que el tiempo dentro estaba agotado. Que la salida no era una opción.

También sabían que no podían salir sin tener nada. No tenían margen para la improvisación. No podían permitirse el lujo de encontrarse sin techo, sin rumbo, sin futuro. Con cuidado, con paciencia y también con una buena dosis de esperanza, prepararon su futuro lo mejor que pudieron.

Una vez fue formado durante varios meses en una pizzería de Cerdeña, Roberto recorrió kilómetros de playa, inspeccionando cada rincón donde pudiera haber algún indicio, desde los pueblos más turísticos hasta esos pequeños caladeros casi olvidados: San Juan, Gandía, Cullera… La arena y el viento parecían guardar secretos que aún no lograban descifrar, pero no podían rendirse tan pronto.

Reyes, la hermana de Begoña, y su marido les recomendaron algunos locales, los cuales Roberto visitó.

Todas esas gestiones, y muchas otras, se sucedieron durante los ocho meses que aún permanecieron dentro de la asociación.

A veces pensaba que en ese momento no estaban saliendo solo de la asociación; estaban saliendo del pasado. Con cada caja que preparaban o baúl que rellenaban, con cada documento que firmaban, se despedían poco a poco de todo aquello que habían sido. Y daban la bienvenida, sin saber muy bien cómo, a todo lo que estaba por ser.

Una tarde, ella estaba sentada en una de las mesas del centro, en Yecla, rodeada de papeles, algunas ideas garabateadas en hojas dispersas y una sensación de incertidumbre que no lograba despejar. Miraba el reloj, como si en algún momento, de repente, todo fuera a aclararse.

Pero el teléfono sonó, y su corazón dio un pequeño salto. Era Robi.

—Hola, cariño. Soy yo —dijo él. Su voz, siempre tranquila, ahora se notaba cargada de una emoción contenida—. Quiero decirte que ya tenemos local.

Ella no pudo evitar que una sonrisa se asomara a sus labios, aunque el peso de la situación aún flotaba en el aire. Ella estaba de pie recibiendo la noticia, con las piernas entrecruzadas y aquel gesto que tanto la caracterizaba.

—¿En serio? —preguntó, casi susurrando, como si no pudiera creerlo.

Sí que es cierto que, la primera impresión de Roberto al ver el local fue de desconcierto: «¿Dónde nos vamos a meter?». Pero cuando entró a Ramos y a Silverio, otros dos bares del pequeño pueblo cerca de Valencia, San Antonio de Requena, vio que estaban llenos y que toda la vida estaba allí dentro.

—Sí. Bueno, ya sabes, con la decoración adecuada podría quedar bonito. Está en un sitio clave, justo en el cruce que une varios pueblos, y ninguno de ellos tiene pizzería. Es el lugar perfecto, todo el mundo que pase por ahí lo verá.

Ella se quedó en silencio un momento, dejando que esas palabras se acomodaran en su mente. Robi seguía hablando, pero ella solo escuchaba el eco de su voz, tratando de imaginar lo que acababa de decirle.

—¿Sabes? Creo que puede funcionar. Hay algo en ese lugar, algo que me dice que, con la decoración justa, con ese toque especial, podemos hacer que se sienta acogedor. Tiene algo.

Ella asintió lentamente, aunque él no pudiera verla. Sí, entendía perfectamente. Porque, a pesar de todo lo que habían pasado, ese «algo» que él mencionaba siempre había estado ahí entre ellos: la esperanza, la confianza de que sí, juntos podían hacer cualquier cosa.

—Es... perfecto —respondió ella, con una sonrisa en los labios—. Es justo lo que necesitábamos.

Roberto suspiró al otro lado, y ella pudo oír el alivio en su voz.

—Sí, lo sé. Vamos a darle forma, a hacerlo nuestro.

Ella se quedó un rato más en silencio, mirando hacia la ventana, imaginándose ese local transformado en lo que siempre habían soñado. Sabía que había mucho trabajo por delante, que no sería fácil, pero en ese momento sintió que, por fin, algo comenzaba a tomar rumbo.

Alquilaron una pequeña casa en aquel pueblo, también conocido como San Antón. Cuando firmaron el contrato de alquiler, ella sintió una mezcla de vértigo y alivio. Por fin tenían algo propio. Un lugar donde imaginar una vida distinta. Donde Andy y Rebi podrían crecer de forma independiente. Donde podrían terminar de construir los cimientos de sus vidas.

El baúl de Begoña

Este baúl está hecho de cartas. De convicciones. De momentos que merecían ser contados sin filtros ni disculpas. Las dieciséis cartas que lo componen son testimonio de una voz que se afirma, que se reconoce, que se atreve a decir lo que siente, lo que piensa, lo que ha vivido. La mayoría de ellas fueron escritas por Begoña durante su etapa en El Patriarca, habla con Lucien Engelmajer y otros compañeros, y en ellas se refleja con especial intensidad su proceso de transformación, su compromiso y su mirada sobre lo vivido.

Begoña no escribe para esconderse. Escribe para mostrarse. Para ocupar su lugar en el mundo con dignidad, con coraje, con sensibilidad. Cada carta es una declaración de presencia, una forma de decir "aquí estoy" sin pedir permiso. Son fragmentos de una mujer que ha aprendido a escucharse, a sostenerse, a reconstruirse desde sus propias palabras.

Este baúl no es un rincón secreto. Es un espacio abierto, honesto, donde la vulnerabilidad convive con la fuerza. Donde el dolor no se esconde, pero tampoco se glorifica. Donde la alegría se celebra sin culpa. Donde la reflexión es profunda, pero accesible. Aquí no hay máscaras, hay verdad.

Las cartas no siguen un orden rígido, porque la vida tampoco lo hace. Algunas son íntimas, otras contundentes. Algunas acarician, otras sacuden. Pero todas tienen algo en común: nacen desde la sinceridad y el valor.

Carta I

El viaje se hizo largo, de Puigcerdà a Lamothe. La curiosidad en el estómago, todo. Interrogantes en mi cabeza, ¿dónde voy?, ¿qué me espera? El vértigo en mi alma, siendo consciente de que nunca más me drogaría. ¿Qué compensaría mi síndrome?

Empecé a sentir miedo, estaba muy enganchada. Sabía que los momentos que sucederían a partir de ese instante no iban a ser agradables y no sabía si estaba preparada.

Una cuesta rodeada de árboles gigantescos nos condujo a un viejo castillo galardonado de una escalinata central. Marginado por dos medias lunas y rodeado de jardines, incluido un círculo central también ajardinado. Entramos al castillo por una puerta lateral de madera maciza. Dentro, había puertas de cristal y ese era el "look", un poco lúgubre, casi como la casa de una bruja.

¡Vaya! Nos recibió un mago de barba larga y blanca con un contundente beso en los labios. Primera sorpresa, gran sonrisa y comienzo de un discurso que, en esos momentos, no logré darle seguimiento, uno porque no comprendía el francés, segundo porque era atolondrado, nervioso y, creo que, aburrido. Pero, a pesar de todo, brotó la simpatía en mi corazón. Simpatía y atracción.

¿Quién es esta persona? Desde el primer momento sentí su seducción. Me daba lástima, pero se me metió en el

alma como una hipnosis incapaz de rechazarlo o hacerle un feo. Pasé un tiempo cuidando de él como asistente, o algo parecido. Limpiaba la casa, acudía a sus necesidades personales; ducha, paseos, le hacía de comer. Estaba hecha un lío en mi cabeza. Insatisfecha de todo, acosada por el constante enfado.

Al cabo de unos meses me mandó a Bélgica donde comencé a vivir con un poco de normalidad. Empecé a escalar por pequeñas responsabilidades: lavandería, farmacia, intendencia, etc. Me ocupaba de otros compañeros que venían con síndrome de abstinencia, como había llegado yo. Empecé a motivarme y a sentir algo hermoso por la asociación.

Tenía mis motivaciones, me sentía útil. Lucien no me perdía la pista, me llamaba, me decía que fuera a un sitio u otro. Viajé mucho gracias a él, incluso a Nicaragua que marcaría mi vida para siempre. Ahí me quedé embarazada de mi maravillosa hija Rebeca y conocí al padre de mis hijos, prácticamente me hice mujer.

Yo no era su mujer, ni mucho menos, pero había veces que me hacía sentir que ciertas cosas eran mi obligación, como si yo le perteneciera. Mi relación con el entorno, compañeros, era tensa, no sabía si la gente sentía simpatía por mí o rechazo por el hecho de estar en el círculo más cercano de Lucien.

El chantaje emocional siempre en medio. En realidad, cuando miro hacia atrás, me doy cuenta de que, si alguna deuda tenía, la pagué con creces, pues yo estuve presente allí mucho tiempo y él disponía de mí cuándo y cómo quería. Mi compañero y yo estamos donde estamos gracias a nuestro esfuerzo.

Carta II

17 de octubre de 1997

Querido Lucien:

Para mí, vivir en la asociación ha sido una elección a través de la cual he decidido basar mi futuro y el de mi familia. Asimismo, es una elección que he hecho por vocación al trabajo y a la contribución humana que puedo aportar a tu obra, y que me permite enriquecer mi vida y mi existencia.

Al margen del trabajo o labor que puedo desarrollar en los centros, mi motivación —por encima de la terapia, de las acciones sociales o de otras actividades definidas— es aportar un grano de arena a la inmensa puerta que esta obra representa como conductor hacia la vida, su prolongación y su concepción a través del amor, de la libertad, del concepto crítico que aquí he podido adquirir, contra todo aquello que es contrario a estos principios fundamentales para convivir.

Solo puedo decir que, desde que llegué a esta organización, mi ser no ha hecho otra cosa que evolucionar, enriquecerse y estimularse para ir en busca de un sentido de justicia común. Es cierto que mi espíritu ha debido superar en muchas ocasiones los conflictos que se libraban en lo más profundo de mi interior, pero que nada tienen que ver con mi entorno, ni en lo relacional ni en

lo material. Unas veces con más dificultad, otras con me-
nos, pero siempre que he buscado una solución respecto
a cualquier problema, he obtenido respuestas y he po-
dido ejercer mi derecho a reclamar aquello que no me ha
parecido justo, incluso a veces por encima de mi incre-
dulidad.

No sé dónde están los límites de lo que debo expresar en
esta carta, a ti y a quien concierna. En todo caso, diré
que no he vivido todos estos años en la asociación su-
mergida en un globo de beatitud. Siempre he sido cons-
ciente de lo que aquí vivo y de lo que tú nos has dado la
posibilidad de compartir: la libertad, el concepto crítico
que contigo he podido adquirir, y la conciencia contra
todo aquello opuesto a los principios de convivencia.

Me defino como alguien que ama y lucha por la justicia,
por la libertad de expresión, por la felicidad y por el pro-
greso de la vida. Y si vivo feliz en la asociación, es por-
que hasta ahora no conozco otro lugar donde pudiera
identificarme y ejercerme de tal manera.

El amor que va en este mensaje no va escrito: va por
boca de mi presencia, por la felicidad de mis hijos y la
de miles de personas —ex toxicómanas o no— que pue-
den sentir lo mismo que yo. Lo que la asociación nos ha
dado va más allá de lo que se puede expresar, pues aque-
llos a los que has enseñado a saber utilizar sus virtudes,
sus facultades como personas dignas y libres, han reci-
bido el mejor y más digno regalo que se le puede ofrecer
al ser humano: la riqueza que hay en el interior de ellos
mismos.

Creo que eso es todo.

Un abrazo muy fuerte.

Carta III

Un alba para Navidad

Hace diez años llegué a un país llamado Nicaragua. Fue el comienzo de una nueva etapa en mi rehabilitación y en mi colaboración en uno de los muchos proyectos que llevaba la organización internacional Lucien Engelmajer y su fundador.

Fui con la intención de conocer nuevos horizontes, culturas, y con la tocada esperanza de encontrar algo mejor en mí. El tiempo vivido allí desplegó en mi alma grandes sorpresas y expulsó la beatitud en la que divagaba mi existencia antes de descubrir la hermosura y las riquezas que comportan ser y vivir.

Las palabras que por aquel entonces me seducían —libertad, justicia, ayudar, solidaridad, amor, amistad, altruismo— no fueron consumadas por mis cinco sentidos hasta esos días, y a lo largo de los años que viví allí:

Hijos de Nicaragua, padres de mi vocación, sois un lazo entre lo real y lo irreal. Ángel entrado en mí, vuestras miradas... La voluntad no se puede relatar con palabras.

La exaltación que provocan el regalo de vuestras sonrisas en mi corazón, cuando veo nuestra promesa plasmada en la obra de vuestras manos, cuando vuestro ejemplo se convierte en el embrión de una nueva vida —otra, y muchas más— hasta la eternidad de las generaciones.

Cuando nuestra complicidad se convierte en la segadora que decapita el suicidio que desvió nuestros sueños... Vosotros, niños de Nicaragua, chilenos, uruguayos, prolongáis el camino. Desde entonces, se precipita hacia un nuevo lenguaje en el mundo de los jóvenes que reclaman hablar con el alma, con el corazón.

Sois discípulos del amor, de un grupo de ex toxicómanos empujados por un sabio barbudo, que transformasteis en hombres y mujeres dignos de la felicidad. Nos disteis — sin saberlo— el más valioso regalo de Navidad.

El eco de nuestro grito se escapa hacia la conquista del presente. Ese Santa Claus no se expone en ningún escaparate, ni se puede inventar. Nuestro regalo esta Navidad surge del vientre y rellena nuestra piel y todo el ser, desde los pies hasta el cráneo.

Nuestra euforia la heredarán aquellos que, en su causa, harán nacer el deseo de preservar la vida y el diamante en bruto que posee cada hombre en su interior y en su alma, en la perpetua búsqueda de que algún día llegue a brillar.

Vosotros, mis pequeños, mis guías, en nuestra acción, en la esencia de nuestra convivencia, en nuestros sueños compartidos, me hicisteis comprender cómo destacar de entre lo mediocre a través del amor.

Hoy, más allá, vuestro fruto prolonga la ruta en el corazón de 200 niños polacos y miles de testigos. Hace dos meses, la organización internacional Lucien Engelmajer, en el salto de Lamothe, hizo protagonistas a los desheredados por el diluvio de su colegio en Polonia. Y la aventura se extenderá a todos los futuros.

Les deseo un alba para Navidad. Un maestro como el que yo tengo: Lucien. Y les deseo todo mi amor. Que la ayuda social sea un bálsamo en el corazón de muchos otros ex toxicómanos, vagabundos, cultos e incultos. Y que nuestra obra perdure.

Carta IV

De La Canière a Nueva York

Querido Lucien:

Lo sé. Lo que sigue es un secreto entre tú y yo —y la persona que me traduzca. Perdóname si voy a osar decirte lo siguiente, pero hace días que no duermo, y solo hace un rato he comprendido por qué. Así que, si no te expreso lo que sigue, voy a reventar.

Toda esta historia de reuniones nos está haciendo sentir como si tuviéramos un volcán en erupción en nuestras entrañas. Aunque esté más claro que el agua que tu concepto, tu criterio, tu análisis y tu postura son la clave de la evolución y el éxito de nuestro porvenir —y tienes razón: nada más serio que la familia puede costearse como mejor garantía—, hay algo que me sorprende profundamente.

Tengo la impresión de que nuestras almas avanzan sintiéndose divididas. No solo entre sí, sino también individualmente.

Préstame atención en lo siguiente, y si no estás de acuerdo, dime simplemente "no", y lo aceptaré.

Querido Lucien, tú eres un ser que ha recorrido todos los rincones y espacios de su espíritu. Conoces de antemano todas tus capacidades: en la bondad y en la maldad, en la alegría y en la rabia. Y sé que, seguramente, solo experiencias muy duras y violentas te han servido como sabios y guías.

Has engendrado, entre todos tus hijos, a uno que nos recuerda y nos familiariza con tu genio, con tu fuerza de combate y tu sentido de altruismo. Tal vez un altruismo sin base de criterio, una vocación por la libertad y el sentido hacia ella todavía incompletos. Pero su fuerza y su valor —aunque en estos momentos estén un tanto deslocalizados— un día, Lucien, serán muy necesarios.

Solo tú puedes limar sus excesos, sus abismos. Porque sabes, igual que yo, que, aunque ahora esté confuso, su corazón brilla de pureza.

No te pido que te hagas concesiones. Solo que, a pesar de tu enfado, sepas aceptar que, sin alguien como él en el grupo, seremos solo la mitad de nosotros.

Reconoce, Lucien, que, aunque el golpe va un poco desviado, el ímpetu es importante. Y que, si tú le enseñas cómo dar el siguiente paso, seguro que le irá mejor. Solo tú puedes hacerlo.

Lucien, tú has sido para tu hijo su primordial referencia en la vida. Esta vez sería demasiado severo para él que acalles el grito que está intentando demostrar que puede dar por nosotros, y que está con nosotros.

No sé cómo, pero sé que si tú quieres, puedes manejar esta situación con el meñique.

Tu hijo está a medio recorrido del mismo camino, y está compitiendo con un contrincante mucho más ventajoso que él. Y pone tantas energías —todas— que asusta. Se desvía un poco porque conoce, o se aproxima a conocer, la talla y envergadura de su maestro.

Lucien, solo tu ejemplo puede hacerle ver que su obra, su asignación, lo equivoca y lo desvía. No sé cómo, pero creo que debes orientarlo.

No creo que debas marcharte así de su lado. Si lo haces, le harás perder demasiada confianza en sí mismo. Y no sé qué pasará con los otros, pero sin que él se restablezca en este combate o misión actual, una parte de todos nosotros estará ausente.

Igual que de ti, Lucien, si no estás.

Carta V

13 de junio de 1998

Querido Lucien:

Espero que, al recibir estas letras, te encuentres en buen estado de salud.

La razón por la que quiero expresarte los motivos por los que habitamos esta posición es para que comprendas que no se trata de una cuestión de ambición económica, como tú bien sabes. Lo que yo he podido observar a lo largo de estos años es que las personas eran catalogadas y medidas, a los ojos de todo el mundo, según la manera en que tú les gratificabas: su confort, sus tarjetas de crédito, sus coches, etcétera. Cuanto más tenían, tanto más les estimabas y preservabas a los ojos de los demás. Por lo tanto, mayor grado de autoridad y poder.

Ese sistema lo has creado tú. Y aquellos que defendimos la obra altruista —gente con ejemplaridad y casi ausente de privilegios— hemos estado, a la hora de tomar posición ante cualquier circunstancia, impedidos de los medios que esencialmente te acreditaban ante los demás: la etiqueta convencional.

Ahora nos hablas de acción social y humanitaria, el caramelo en la punta de la lengua, con un grupo de personas que, en los momentos más críticos —a pesar de mis intentos de persuadirles para actuar de otro modo—,

63

consintieron y además abandonaron para salvar su propio pellejo. Y si lo quieren negar, que lo nieguen.

Aquí estamos, sometidos aún a ese sistema, conscientes de que un solo consejo o sugerencia al comité detrás de la decisión actual definiría el resto de nuestra vida como familia. Pero, como muchas otras veces, y gracias a que las dificultades de nuestra evolución nos han dotado de buenos recursos, nos encontramos condicionados a escoger una actitud de resistencia pasiva, a fin de cumplir con los aspectos que, a mi parecer, son esenciales: que un pequeño aliento de los ideales que compartimos con algunos compañeros permanezca, para que su desconcierto tenga una pequeña referencia.

No sé hasta cuándo vamos a soportar, o nos lo van a permitir. Pero, a mi parecer, es una forma de mantener una motivación y un poco de dignidad.

Tú has recibido un don de Dios. Pero, a causa de tu precipitación en conductas que te glorificaban momentáneamente, y a fuerza de jugar con la balanza de valores, el contrapeso ha cedido. Y todo se disipa como un espíritu errante en busca de un cuerpo, un ser incorrupto.

Me duele decirte todo esto. Pero si lo que pretendes es hacer algo para seguir dividiéndote los años de vida que te queden, no cuentes con nosotros. Coge a los demás, que estarán más conformes con esa línea de valores. Mas, si lo que nos propones es crear algo que le devuelva la dignidad a tu nombre en la historia, inmediatamente. Pero asumiendo la conducta que esa decisión requiere, y que cada uno tome la parte de responsabilidad que le corresponde respecto a los errores cometidos.

Yo ya no quiero hacer nada para agradar a nadie. Al único que quiero rendir cuentas, a partir de ahora, es a mi corazón y a Dios. He tomado una determinación: lo único que me interesa en esta vida es hacer el bien a mi prójimo. Esa es mi vocación y mi ambición: sembrar el bien con el ejemplo.

Otros tienen otras ambiciones. No lo critico. Pero adquirir unas y otras requiere, a los ojos de los demás, el mismo estatus previo para disponer de la posición necesaria que te permita defender los diferentes aspectos o terrenos de cada situación.

No queremos volver a ser los súbditos de aquellos que no comparten las mismas ambiciones. Se pueden complementar, a condición de que los diferentes miembros dispongan del mismo rango. Esa es nuestra condición y nuestra visión para garantizar, a aquellos que están en nuestras mismas circunstancias, que nuestros ideales pueden tener un porvenir.

Si no es posible que tú aceptes las condiciones que te ha expuesto mi marido, los sentimientos de nuestro corazón no sufrirán alteración alguna. Nosotros permaneceremos aquí hasta que nos lo permitan. Y, cuando podamos disponer de un mínimo de medios, lo abandonaremos todo para ocuparnos de nuestra familia.

A pesar de todo, te quedamos muy agradecidos por habernos brindado tu ayuda.

Un beso muy fuerte.

Carta VI

De Managua a Trouville

Sobre la convocación a la reunión prevista para el 7 de octubre

Queridos amigos:

Participar en una reunión como esta desde tan lejos es muy violento, pues en realidad solo se puede hacer exponiendo un criterio. Es diferente cuando se participa en un debate, ya que solo así la opinión de alguien contribuye a construir una conclusión positiva.

Aun así, daré mi opinión respetando los puntos expuestos que describen el orden del día de esta reunión.

Con respecto a la situación actual, pienso que lo que reina es, ante todo, el desconcierto. En nuestro diálogo hay muchas preguntas, y en nuestras actitudes, pocas respuestas. Pienso que demasiadas personas se abandonan o se someten al criterio de la persona más conveniente, según su evaluación de las circunstancias o de la posición que esta tenga respecto a los demás.

Muchos de nosotros deslocalizamos nuestras impresiones de nuestro propio sentido de lo que es justo, justo con respecto a la elección de los ideales por los que hemos decidido continuar en la asociación.

Nuestro desconcierto no lo alimenta nadie más que nosotros mismos. No porque la opinión de este o aquel sea mejor o peor, más justa o menos justa, sino porque creo que, si cada persona en posición adecuada no puede expresar libremente su opinión, no se pueden determinar conclusiones positivas.

A menudo nuestras reacciones están más condicionadas por los amigos que amamos o respetamos que por las necesidades o problemas que sugiere nuestro entorno. Y creo que ese es el factor que nos incluye como responsables a todos. En el momento en que algo sale bien o mal, todos y cada uno de nosotros tenemos un lado íntegro y un lado corruptible. A veces en grado mayor, otras en grado menor. Todo dependerá del entorno que alimentemos o permitamos que nos alimente.

No hay un segundo Lucien, pero sí hay un grupo de personas en quienes Lucien ha cultivado un espíritu capaz de contribuir y complementarse en una visión global, con diferentes capacidades, virtudes y defectos, posiciones geográficas y niveles de facultades. Esas personas deben obedecer a una misma línea de reacciones, en base a ese grupo y sus actitudes, sin excepción. Incluso si alguien ha sido puesto en valor por Lucien o no, deben responder a los ideales sobre los que él nos ha orientado y ha guiado nuestra vocación por la organización.

¿Cómo superar los obstáculos o alteraciones que debemos afrontar para que esta evolución tenga lugar? Yo sé —y tengo fe— en que es posible. Pero no será posible si cada uno de nosotros no sabe aceptar hasta dónde es útil su rol, su participación, y cómo enriquecer, contribuir, apoyar y tener confianza, aportando el cien por cien en el elemento en el que llegamos a ser positivos.

No todos estamos capacitados para sustraer una evaluación general o juzgar a alguien respecto a una actitud correspondiente a una responsabilidad internacional. Nuestros diversos ángulos de visión no nos aportan a todos los argumentos necesarios para obtener un análisis justo, y no todos estamos preparados para trabajar sobre dicho análisis.

Por ejemplo, yo seré más útil en una misión concreta y con objetivos definidos, y menos útil en una evaluación o participación global. No solo porque mis competencias se rigen más por trabajos determinados, sino también porque aún no estoy capacitada para ello.

Pero si establezco una serie de dudas o reservas en mi paso por donde quiera que voy, respecto a las directrices u objetivos de base que engloban el porvenir de nuestra acción y nuestro futuro, estaré contribuyendo a desorganizar nuestros intereses, nuestra base de confianza y de reflexión.

Creo que en todo combate se empieza con mayor número de combatientes que con los que se prosigue a lo largo del mismo. Pero todo combate tiene su ideal, y depende de una estructura. Asimismo, depende de cómo se aplica y de la integridad con que cada soldado la concibe.

Para mí, el sistema —o la forma del sistema— de nuestra protección ha existido siempre. Lucien nos ha hecho parte de él desde el principio. Que ni él mismo, en ocasiones, ni nosotros hayamos sabido o querido establecerlo, no quiere decir que no sea un buen sistema o que no sea válido.

A mi parecer, antes de inventar nada nuevo, revisaría el que desde hace mucho tiempo nos debía haber guardado de pasar por situaciones como Fulvio, Jiu y otras. Revisarlas también para analizar qué factores en ese sistema de protección son aplicables realmente o no, o simplemente si estamos de acuerdo en que se apliquen.

Pienso que es primordial revisar de qué forma Lucien ha establecido un sistema de protección personal y a distancia sobre cada uno de nosotros. Porque, en todo caso, en un alto porcentaje ha funcionado. Y aunque haya sido individualmente, ese total corresponde a miles.

En el caso de proteger el global, debe ser aplicable siempre y cuando seamos honestos y digamos qué estructuras somos capaces de adoptar a partir de un momento determinado.

Si se refiere a un aspecto económico o administrativo, yo no estoy capacitada para responder.

Bueno, amigos, seguramente mi opinión está aislada de muchos otros factores importantes.

Un beso muy fuerte a todos, y coraje.

Carta VII

De La Canière a Miami

A la atención de Lucien

Aunque mis manos y mi inspiración estén todavía oxidadas, voy a ensayar de nuevo para lubricar el espíritu. Y, de todas formas, no importa lo que sea capaz de seguir escribiéndote en estas líneas, porque lo único que pretendo es transmitirte un poco de afecto.

Así que, escucha: el cielo vacía sus tormentas para albergar en nuestros ojos su más espléndido azul. Se vistió de seda la luna esta noche, mientras los ángeles danzaban sobre la corteza que envolvía mi corazón.

Llega en una brisa el perfume de una salvia que funde el alma en las manos, y fluye gota a gota. La paz nos devuelve al camino en el que la vida prolonga su razón de ser. Nos plasma su ardor en los desechos, donde rebrota su aliento, su naturaleza.

Algunas criaturas se acercan a nuestro hogar con los bolsillos repletos de interrogantes enredados. Algunas almas vagan entre nosotros sin resplandor, escondidas en corazones en fuga desde el último dolor.

Una obra compuesta de amores descompuestos cobija el amanecer de los sueños regados. Y tú, que palpitas en cada mecha de pelo, en cada pestaña, en cada poro de la felicidad, guías a cada hermano hacia el nacimiento de la libertad.

Sí, vamos donde el sueño es promesa, y se alza esa dama para conquistarnos y perpetuar sus ciclos de existencia. Ser, en su galope, el cráneo que transporta la esencia para sembrar el amor. Ser beatos todo el tiempo que nos queda por recorrer, para que no nos hieran los discursos que, como clavos, bordan la clausura del telón que nos oculta las huellas maestras —las huellas que le hicieron camino al amor en otros instantes donde nos abandona la razón del corazón.

Esperamos ser liberados de ciertos ingredientes que conforman la fórmula para reconquistar el amor. Mas, si bien cambian las fuentes de inspiración, el camino es inamovible. Y cada vez que el fruto del amor se consuma, requiere abrir de nuevo el alma, cargar de nuevo las manos, el corazón, los ojos, las vísceras. Regular el péndulo del motor de nuestras emociones, y partir a la cruzada hacia el triunfo o la derrota.

Pero amar. Amar y sembrar amor, siguiendo el compás de lo que, de todas formas, nos convierte en hombres y nos permite el polen del tiempo.

Hay días en los que el ser necesita decir. Y ese día se agarra uno al suspiro de un poeta. Entonces deseas meterte un ratito en él, mientras algunos sentimientos logran fluir desde el bolígrafo.

Pero bien sabe el alba que el alma de cada palabra proviene de la eternidad. A través de tu nombre, Lucien. A través de tu ejemplo, de tu obra, y de las vidas donde renacerá tu amor.

Te quiero. Un beso muy fuerte.

Carta VIII

De La Canière a Orleans

Querido Ritón:

Sé que te sorprenderá recibir esta carta de mi parte, pero siento que es mi deber expresarte lo que pienso y siento como amiga vuestra. Mi silencio y falta de comunicación podrían desacreditar los sentimientos, y sobre todo el cariño que tengo hacia compañeros como tú y como Claire.

Sé que, además de la crisis general que estamos atravesando, vosotros sufrís especialmente en este momento, debido a la posición en la que Lucien os sitúa y a las razones que tenéis, las cuales otros compañeros me han transmitido. No es nada fácil, lo sé. Escoger las mejores decisiones en circunstancias como estas es complicado.

Además de sentir que debo compartir mis impresiones, te escribo por la grave preocupación que he sentido hoy al hablar con Lucien. Él me ha hablado de trabajo, de aspectos técnicos, pero he notado que, más allá de la forma de su discurso, en el fondo su mayor preocupación sois vosotros. Sé cuánto os quiere. Creo adivinar sus temores —justificados o no— y lo mucho que necesita sentirse cerca y en armonía con compañeros como tú. Para él, eso debe ser la base de un nuevo comienzo.

Puede que también sea estratégico que compañeros de tu talla y de la de Claire formen parte de la clave para reconducir el ánimo de muchas otras personas, y de la obra en sí. Sabes que en otras épocas y complejidades él supo estar a tu lado, por encima de todas las opiniones, y que no se fijó en los detalles, sino en el fondo de la persona que hay en ti. Es posible que entonces comprendiera que tus actitudes solo iban en detrimento de ti mismo, sin poner en riesgo la evolución de nuestra obra.

No creo que Lucien sea inconsciente hasta el punto de no admitir que también es responsable del deterioro de ciertas situaciones, igual que lo somos nosotros. Es un hombre de grandes valores, y estoy convencida de que atraviesa un fuerte sentimiento de culpabilidad. Pero no creo que debamos esperar que haga un mea culpa sin antes saber quién está dispuesto a rehabilitar la situación y hasta qué punto.

Creo absolutamente que es esencial que él reconsidere ciertas actitudes y nos ayude a crear los medios para compartir con él, como grupo, cierta autoridad. Así mismo, debemos entrenarnos para un futuro que quedará sobre nuestras espaldas. Pero si lo ponemos en la posición de dar el primer paso, de hacer un voto de confianza, no solo no aceptará poner en evidencia su compromiso, sino que vuestra actitud podría perjudicar la evolución de esta situación.

Ritón, tú sabes que esta situación no te afecta solo a ti. Mira a Dominic, a Mary, y a otros. Hace poco yo estuve a punto de abandonar. Creo imaginar lo que estás pasando. Yo tengo dos hijos, tú cuatro, y algunos en edad muy delicada. Creo que estoy cerca de lo que podéis sentir tú y Claire.

Creo que somos nosotros quienes debemos armar de confianza a Lucien, para que nos ayude a situarnos y a dirigir esta obra con él. Ritón, no quiero que analices esta carta palabra por palabra. Entiende lo que en el fondo te quiero transmitir. No quiero renunciar a hacerlo, ni estar atada a mis fantasmas y paranoias.

En resumidas cuentas, creo que debes dar el paso de abrir un diálogo entre Lucien y tú. Vuestras razones las conocemos casi todos, y seguramente nadie las pone en duda. Pero sé que en estos momentos nadie se atreverá a exponerlas. Solo tú puedes reconducir a Lucien hacia una relación armoniosa contigo. Piensa que, ante todo, os quiere a ti, a Claire, a vuestra familia, y desea escucharte.

Lo último que quisiera con esta carta es herirte o que creas que os juzgo. Sois mis amigos y os respeto profundamente. Pensad que es solo el cariño que os tengo lo que me impulsa a deciros esto.

Un abrazo muy fuerte.

Carta IX

Queridos amigos

Para dejar constancia ante todos los presentes de las conclusiones que personalmente he extraído de la reunión celebrada en Lamothe, diré primero que, en la situación que atravesamos, no podemos permitirnos derrochar tiempo ni energías en convencernos unos a otros de la buena intención que nos ha impulsado a expresar ciertas preocupaciones o problemas. No creo que se trate de eso.

En segundo lugar, creo que, por el contrario, hay algo en lo que sí deberíamos hacer un esfuerzo unánime: admitir nuestra forma errónea de haber abordado los problemas que nos inquietan. En una reunión donde no hay una línea de objetivos trazados, las reflexiones expuestas no evolucionan ni emiten una conclusión creativa. Estoy convencida de que algunos nos hemos equivocado, y no es grave si sabemos cerrar esa fase con humildad.

Por otro lado, en el discurso de apertura, Lucien no se extendió sobre esa línea de objetivos: inversión a todos los niveles hacia la infancia, en lo social y lo humanitario. No solo creo que es algo fantástico, sino que además será un canal que nos permitirá superar problemas muy concretos en diferentes aspectos.

Creo que debemos aprovechar el abanico de ideas y ejemplos que se nos están ofreciendo en ese nivel —como los niños polacos, nicaragüenses, etc.—. Esa idea puede reconfortarnos incluso en relación con el futuro de nuestros propios hijos.

Yo veo el futuro con limitaciones, pero con entusiasmo. Basándome en la proyección que Lucien nos propone, veo lo siguiente:

- *El ejemplo: talleres y medios más aprovechados y más serios para canalizar el potencial de los menores —nuestros hijos y pupilos de la organización—, especialmente para aquellos que no aspiran a una carrera universitaria.*

- *Moderar y estimular la aspiración al liderazgo de los niños a través de actividades concretas, vinculadas a lo humanitario.*

- *Educar para que comprendan que una evolución social no siempre corresponde a una titulación universitaria. Hay que persuadirles de que esa no es la única alternativa de éxito y felicidad.*

- *Trabajar más en el reconocimiento oficial de la Formación Profesional.*

- *Convertir el sector técnico-profesional para la formación de menores en un factor prioritario para estimular el voluntariado, con profesores de todo tipo.*

Carta X

De La Canière a Miami

Nota: esta carta es confidencial, traducida por alguien de confianza para ti.

Querido Lucien:

Ayer leí tu carta del día 13 y tengo el alma desgarrada. He aquí lo que me responde el espíritu:

Una herida late abierta en nuestras almas, y eso es evidente. Tenemos tanto miedo de hacernos daño unos a otros, que acabamos haciéndonos más daño todavía. La herida perfora hacia adentro y pudre nuestros lazos más profundos.

Así, el clima burbujeante y de felicidad que siempre ha existido entre los amigos más estrechos está sufriendo un absceso. Un absceso que debemos reventar y curar, pues es el mal más contagioso y peligroso que podamos sufrir nosotros y nuestra acción.

Tú mismo lo expresas en tu carta: la necesidad de abrir un diálogo intenso se hace imperativa. Necesitamos hablar profundamente, con el corazón abierto, como amigos, altruistamente, sin esperar tener la razón absoluta. Al finalizar ese diálogo, nadie la tendrá del todo, porque nadie está dispuesto, en estos momentos, a ponerse en la posición del otro y comprender qué nos impide realmente avanzar.

Es hora de que nuestros sentimientos se reconcilien y se complementen. No podemos seguir encerrados en nosotros mismos, porque si no, cualquier esfuerzo que hagamos —por fuerte y sano que sea— se desplomará.

No quiero que tu obra, ni todo lo que has construido, corra ningún riesgo por cuestión de orgullo —de nadie, ni siquiera tuyo. Tu orgullo es legítimo, el de la acción también lo es. Lo sé. Pero tú también eres nuestro orgullo, el que se juega en la acción legítimamente. Si queremos preservarlo, y tú no lo dejas como herencia, deben existir los medios para defender sus intereses más íntimos. Y en este caso, se trata de los sentimientos que hemos creado entre nosotros.

Es cierto, Lucien, que sin ti nada sería. Nada sería fecundo, nada prosperaría. Por eso mismo, solo tú puedes reconducir el clima. Eres nuestro maestro y nuestro guía. Mientras tú no abras la puerta a ese diálogo, mientras quieras imponer tu visión, habrá conflicto en el aire. Y nadie te hablará de corazón. Eso te impedirá obtener los elementos que tanto necesitas para reconducirnos.

Mi queridísimo y grandioso Lucien, no es una cuestión de razón. Tú la tienes toda, siempre te lo he dicho, y no es un cumplido. No se trata de la forma, ni de lo visible, ni siquiera de lo que físicamente o materialmente se pueda realizar o apreciar. Es el fondo, lo que sale de la entraña del ser que engendra sentido, lo que me hace comprender.

Conozco a pulso el peso de tu bondad, de tu inteligencia, de tu genio, y todos los valores que se desprenden de ti. Mi amistad por ti va más allá de ella misma: tiene un compromiso con la humanidad entera. Y tú eres responsable de que así creciera dicha amistad.

Por eso, mi deber es no dejarte a oscuras. O al menos, debo desnudar ante ti los sentimientos que libran la batalla de mi conciencia.

A mi parecer, la burbuja que recoge el espíritu de nuestra amistad no debe estar lesionada más tiempo. Ella es vida, calidad y la base de nuestra fuerza. Se ha tejido con amor entre todos. Ya no es solo una cuestión de amistad o de congeniar ideales. Es una cuestión de fidelidad a tu doctrina, a tu enseñanza, a tu culto hacia los compromisos que atan nuestra responsabilidad hacia tu obra.

La única manera de no renegar de nuestro propio sentido moral, de nuestra ideología y acción, es hablando. Aceptando conocer el estado del otro.

Lucien, tengo plena confianza en ti. Sé que sabes lo que hay que hacer, y que lo harás cuando tengas todos los verdaderos elementos.

El amor, a veces, crea caminos muy confusos. Y eso solo se ve o se acepta cuando llega nuestro turno y estamos frente a ellos. Antes de llegar hasta ahí, sacrificamos la mejor nutrición para el alma: el amor, la confianza.

Pero sé que hay amigos que te quieren realmente, al punto de permanecer a tu lado, aunque no comprendan, o de callar antes que exponerte lo que sus sentidos no alcanzan a entender. Ya sé que ese no es el verdadero amor. Pero tú sabes que solo el tiempo otorga la verdad y la capacidad de asumirse. El amor tiene sus caprichos.

Lucien, tú estás sufriendo. Pero hay quienes no tenemos los mismos recursos que tú para aliviarnos, para reconducir nuestras ideas y sentimientos, para armonizar nuestro espíritu, nuestro cuerpo, nuestros ideales, nuestro entorno inmediato y menos inmediato.

De todos modos, sea cual sea el camino a recorrer, estoy dispuesta a recorrerlo contigo, junto a ti y por ti. Como tú lo has sabido hacer por mí y por tantos seres humanos en este mundo, sin saber quiénes éramos, qué íbamos a hacer, ni qué habíamos hecho. Sin juzgarnos.

Tienes razón. Al menos los que hemos recibido ese ejemplo de ti, tenemos el deber y la deuda de hacerlo por los demás.

En cuanto al altruismo que refiero en esta carta, nada tiene que ver con bienes materiales, sino con bienes de carácter moral.

Tal vez me precipito desde un ángulo aislado, a través de esta carta, con respecto a muchos factores o circunstancias. Pero no es un análisis. Esta nota es simplemente una reacción frente a tu angustia, al clima que realmente puedo respirar, y a la expresión de un sentimiento sincero.

Con todo mi cariño y respeto,

Un beso y un abrazo muy fuerte. Tu eterna amiga.

Nota: Perdona que te hable por escrito, pero incluso si no escribo bien, me expreso algo mejor que hablando.

Carta XI

A la atención de Padre Bartolomé

Muy estimado Padre:

En primer lugar, le pido disculpas por no haber querido comunicarme con usted antes. Mis inquietudes son difíciles de exponer, y por ello no puedo tratar el tema a la ligera, ya que la última persona a la que quisiera hacer daño en este mundo es Lucien.

Me apoyo en usted porque sé que también le quiere, y tiene la ventaja de estar en un terreno neutral respecto a la asociación. He intentado, por medio de algún compañero, sincerarme, pero me he ido dando cuenta de que no era posible, y que comprometía a esas personas porque quieren a Lucien igual que yo. Además, esa situación podría haber desatado conflictos entre ellos y yo, alimentados por otros rencores que nada tienen que ver con el malestar que tengo.

Padre, no me malinterprete. No es un acto de inmadurez mi proceder. Dos son las cosas que he adorado en la asociación El Patriarca. Una es Lucien, y otra, mi trabajo. Y mi trabajo se ha visto afectado porque, a otro nivel, le he fallado a Lucien.

Yo no lo castigo por ello, y nunca lo juzgué. Pero sufro. No puedo volver a la asociación. Y usted sabe que no es por este resultado por lo que he luchado hasta ahora. Pero así es.

Espero que algún día pueda devolverle el gran valor de su escucha y paciencia. Gracias de antemano. Y anime a Lucien, por favor.

Carta XII

A la atención de Lucien, Segalá y Padre Bartolomé

Cuando en Palma estaba en juego mi libertad, cuando en Nicaragua me mantuve en pie firme, aun arriesgando la salud de mis hijos, la verdad, la fe y la vocación fueron mis aliadas. Begoña no necesitó ningún otro estímulo para estar incondicionalmente en el frente.

Ahora, la verdad es la segadora de todos mis sueños e ilusiones, porque ella describiría lo que, con tanto valor, hemos creado: tu obra, Lucien. Tu espléndido mensaje a la humanidad.

He intentado seguir luchando después de lo ocurrido en Nicaragua. Puede que, a tu modo de ver, no lo haya hecho como era debido. Pero mi corazón no ha podido mermar su sed de justicia. Cada vez que has expuesto a análisis el trabajo y la voluntad de nuestro esfuerzo en Nicaragua, ha sido ajar mi fuerza.

Te juro que, si hubiera logrado ver las cosas de otro modo, con gran placer habría admitido tus reflexiones, como tantas otras veces lo hice. Pero no sé por qué, en Begoña ha seguido desde entonces la convicción de que, cuando quisiste poner los puntos sobre las íes, no fue por el trabajo —o solo por el trabajo—, sino por otro tipo de distancias que yo quería crear entre nosotros.

Yo te hablé de ello en Miami y te lo expliqué. Admito que no puedas remitirte moralmente a estas palabras.

Siempre te he querido y adorado hasta un punto inalcanzable para ti. Por eso no me he enfrentado. He pretendido mermar mi orgullo y seguir adelante a tu lado sin herirte, aunque fuera fantasmagóricamente. Pero no lo he conseguido.

La falta de resolución en mi interior ha creado un clima dudoso en torno a mí, que se ha convertido en mi peor enemigo en el afrontamiento de las circunstancias cotidianas.

No estoy loca, Lucien. Tú lo sabes. Y tú tampoco lo estás.

No quiero que pienses que quiero tener razón. Solo te expreso lo que sencillamente he estado sintiendo. Te quiero a ti, no a mi razón. Quiero la razón de tu maravillosa obra humanitaria.

Mi amor por ti ha sido siempre espiritual. Te he querido como eres, tolerando tus debilidades. Pero no puedo compartirlas.

La devoción del corazón de Begoña en su trabajo no podría someterse a dudas, porque era íntegra física y moralmente. En ello sí que había una entrega total. Y tu actitud en Miami, en el crucero, etc., no correspondió a mi visión ni a las circunstancias que, a mi parecer, fueron las que en realidad te alteraron.

Yo no soy nadie para hacerte reflexionar. Pero solo analiza, entre los seis miembros del directorio que nombraste al principio, la diferencia de tu comportamiento entre ellos. Begoña no debe compararse a ellos, y no es esa la cuestión. Ella es ella misma, y debe crecer a su ritmo.

Pero si no iguala el nivel de confianza de sus compañeros, ni sus competencias, ni el aprecio de los demás, no se la debe situar en el mismo ángulo, porque está de antemano en desventaja. Los hechos que encarecen esa igualdad de consideración son delicados, poco importantes, y tal vez no nos sirven en este debate.

No quiero que te ofendas, pero a ti, a Michel, a C., a J., a I., a V., no les tocas el culo ni las tetas, ni les sacas la lengua cuando les besas, ni cuando les hablas de trabajo. Lo cual crea, por lo tanto, otro clima en la relación y les proporciona un nivel de autoestima en su responsabilidad y en su puesto de trabajo, al que yo no puedo acceder. Es diferente.

Tal vez debí haberte hablado antes así, pero no he tenido la valentía. He tenido mucho miedo. No solo por mí y mi continuidad en la asociación, sino también por ti. Porque te quiero.

Ahora ya es tarde, y tengo mis dudas sobre tu reacción. No tengo más fuerzas para decir lo que pienso. Creo que nunca más seré capaz.

Te he dado siempre las pruebas que se le pueden revelar a un Dios como ofrenda de amor. Mi libertad la aposté sin prejuicios por ti y tus acciones. Mi ser, mi confianza. Y ya te conocí, Lucien.

Pero seguramente Begoña esta vez no ha sido capaz de admitir los fallos que, a tu juicio, ha cometido. No tengo fuerzas para seguir compitiendo, enfrentada a batallitas psicológicas con ningún compañero. Ellos no tienen la culpa, porque se enfrentan a un problema que desconocen, y que yo no quiero que conozcan.

Para mí es difícil seguir en el seno de la asociación sin perjudicarte a ti y al resplandor de tu obra. He engendrado demasiada rabia, y me he llenado de rencor sin querer. Pero así es. Y eso ensuciaría cualquiera de mis actos.

Así que deja que me marche. Y si puedes, ayúdame. Necesito espacio para reponer todos mis temores, y no podré hacerlo con la mirada observadora de todos los demás.

Carta XIII

Queridos amigos

Os pido, a través de estas notas, que por una vez más tengáis paciencia conmigo. Asimismo, os agradezco vuestra comprensión por este periodo en el que me estoy aislando y no tengo la participación que posiblemente se esperaba de mí.

Lo siento, pero no me he visto capacitada para hacerlo mejor. Sé que no he tenido la valentía necesaria para asumir en práctica las consecuencias de todo este cambio, y que en un momento dado me sentí víctima de una despersonalización que me desorientó completamente hacia mis propias determinaciones.

Por eso, este periodo me ha servido —o me está sirviendo— para gestar la definición de mis propios principios. Egoísta, lo sé. Pero tenía que elegir, porque también hubiera sido hipócrita deambular entre vosotros en plena desorbitación.

Soy consciente de que, a causa de mi conducta, he hecho presa de dudas nuestra relación últimamente. Y me duele, porque lo último que deseo es perder vuestra amistad o verme obligada a abandonar la asociación.

La razón principal es que sé que Roberto está asumiendo injustamente las consecuencias. Si debo ser fiel a la verdad, os diré que por mi parte le estoy constatando cuáles son las aspiraciones que rigen mis ambiciones para sentirme satisfecha y plena. Y están muy lejos de tener una posición relevante o no. Me basta con cumplir con mi responsabilidad como madre y ocuparme bien de las personas que me rodean.

El resultado de todos los retos de antaño, todas esas experiencias que me han desgarrado el alma, no han hecho más que poner en evidencia mis limitaciones y llenarme de sufrimiento. Es una de las formas en que se puede aprender a definir los propios límites. Y aunque mi arrogancia a veces me traicione, cada vez me cuesta menos poner los pies en la tierra.

Claro que ha habido conductas que efectivamente me han condicionado a replegarme en mí misma. Ha habido, en ciertos momentos, un tono revanchista en los resultados de algunos procedimientos. Y es verdad: me ha dado mucha rabia y mucho miedo. Creo que esa conducta es fruto de la cólera que muchas heridas han generado, y pienso que no es bueno ni justo alimentar esos sentimientos, porque acarrean graves consecuencias tanto para quienes les dan rienda suelta como para quienes les rodean.

Pero no es cierto que ello haya condicionado mi óptica general sobre el resto de lo que sucede, ni mi deseo —por encima de todo— de que las cosas vayan bien.

Mi estado de ánimo, resumido y tan complejo como siempre, se reduce a la única voluntad de no hacer más daño a nadie. Asumir y ser integración de mis propias capacidades y principios. Olvidarme de los tiempos de grandeza, a fin de no decepcionar a unos y otros, y acabar siempre en un olímpico fracaso moral y personal.

Ahora bien, imaginad cualquiera de vosotros en la situación de Robi: acatando las consecuencias de las actitudes de una persona que ve las cosas totalmente distintas a él. Que, en estos momentos, le es vital engancharse a otro carro en el que depositar sus esperanzas. Que necesita vuestro estímulo, y que sepáis identificarle como persona y compañero. Que ha sido dependiente de mi posición fantasma, involuntariamente, a vuestro parecer.

¿Qué sentimiento os recorrería el alma si, por una vez más, me siento asumiendo una reticencia que está generada a partir de mí?

Desde hace algunos días, hemos llegado a ser cómplices en algunas cosas, sobre todo en la duda: ¿qué esperan de nosotros? ¿Que nos quedemos o que nos marchemos?

Ambos estamos claros en que nuestro sueño preferido es ser felices en la asociación. Pero como nuestras ambiciones son distintas —yo estoy harta de batallitas, y a él lo rige un espíritu predispuesto a emprender nuevos retos—, justamente eso es tan difícil de entender.

En fin, a vosotros os toca extraer la mejor conclusión posible. Yo he intentado daros las bases esenciales que, a mi parecer, son indispensables para que saquéis vuestras conclusiones.

Necesitamos entrar en franqueza y orientación para determinarnos en cuanto a nuestro futuro. Tenemos dos hijos que necesitan un marco estable, seguro y reconfortador. Y os aseguro que la angustia o el rechazo que resiente Robi no son óptimos para ello. Sea justo o injusto, eso es lo que se resiente.

Por mi parte, estoy dispuesta a adaptarme a cualquier circunstancia.

Carta XIV

Queridos amigos

Si en algún momento vuelvo a respaldar el nombre de Lucien, solo sería bajo las siguientes condiciones:

1.   La concepción de un órgano con fines exclusivamente humanitarios.
2.   Que los diferentes miembros acaten un compromiso recíproco.
3.   Que su beneficencia permanezca anónima hasta la muerte de Lucien.

Sé que a veces se desprende de mí un aire de protagonismo, pero os puedo asegurar que es falso. No es fruto de arrogancia, sino más bien de un instinto que ha ido acrecentándose a lo largo de los años. He sido hermana mayor de siete hermanos desde los diez años, y a veces me cuesta corregir ese defecto.

No quiero que penséis que mendigo vuestro sentido de amistad. Solo pretendo abrir un diálogo que, en este momento, nos resulta impreso y fundible.

Un beso a todos, y esperamos que respondáis algo. Lo que sea.

Carta XV

Estimados compañeros

La razón por la que os escribo es para evitar alteraciones sobre lo que quiero manifestaros, así como ordenar mejor todo lo que deseo transmitiros, empezando desde el principio. Mi conducta sigue ceñida a las determinaciones que adopté en ese momento, cuando todo este cambio empezó.

Tomé la decisión de sujetarme lo más férreamente posible a mis propios principios y criterios: no juzgar a los demás, no basarme en las cosas que tanto me habían herido en el pasado, que mi amistad por mis compañeros prevaleciera por encima de las circunstancias asociativas, no dar rienda suelta a mis rabias y rencores —que eran muchas y demasiado intensas— y, en definitiva, reconducir mi trayectoria sin equívocos, con serenidad.

Sabía que esa elección me aislaría, y que no era afín al ánimo que se necesitaba o se adoptaba en ese momento. Pero os aseguro que esa voluntad no implicaba renuncia alguna por mi parte. Al contrario: fue mi manera de retarme a mí misma para tomar decisiones justas.

Por ello me distancié de influencias extraordinarias o globales, pues necesitaba recultivar un terreno más personal, sin apartarme de las cosas que siempre han sostenido mi compromiso: la gente, el terreno.

He intentado, a pesar de todo, no perder de vista los objetivos que se establecían y en la medida de lo posible, respetarlos y respaldarlos desde un ángulo sencillo y práctico, sin ánimo de excentricidad ni reserva. En ningún momento he expuesto obstáculos ni evidencias subjetivas, aunque seguramente me invaden las mismas dudas que a vosotros en cuanto al futuro de la asociación.

Yecla me ha proporcionado todos los medios posibles para mantenerme fiel a la decisión que tomé, aunque no ha sido fácil en todo momento. Puedo aseguraros que el orgullo y el ego —demasiado subidos por muchos años— han hecho acto de presencia en muchas ocasiones.

No estoy diciendo nada nuevo respecto a lo que, en agosto del año pasado, expresé a varias personas: Fernando Muñiz, Montse, Rafael, y posteriormente a Lander y Manuel Pradas. Fui sincera en ese momento, y lo soy ahora también. Pero, al igual que entonces, hoy sigo sintiendo que no creéis en lo que os digo y mantenéis una actitud de reserva hacia mí.

Los diferentes encuentros y conversaciones entre ambos momentos dejan cierta impresión. Si no me hubiera acercado a vosotros —a excepción de algunos— me habríais evadido más de lo que ya lo habéis hecho.

Cuando Montse vino a visitar Yecla, me preguntó si seguía en contacto con Fray Bartolomé o con otros. Hice el cuestionario, y se malinterpretaron mis respuestas. Luego vinieron el grupo Coren, Marco y Blanca a evaluar, y se le sacó punta a mi comentario sobre que no me hacía gracia lo de la evaluación. Todo, cualquier cosa que diga o haga, se le sacará punta para argumentar vuestra reserva.

Yo no puedo remediar ese mal. Estáis desorientados respecto a mí, pero no creo que deba pedir perdón por eso. O sí. Lo único que puedo hacer es aseguraros que durante este año y medio no es eso lo que he aprendido. Lástima que Lander esté poco aquí, y que últimamente vea más por sus oídos que por sus ojos y su corazón, porque realmente ha manifestado pretensiones mucho más nobles.

Sé que la irreverencia deja ver su tono en mis modales en ocasiones, pero también es cierto que quedan pocas cosas que me impresionen, incluso en mí misma o en otras personas.

Si Yecla me ha proporcionado todos los medios posibles, es porque en la leche que bebo todos los días descubro el fruto de la voluntad de buenas personas, por ejemplo. Y eso es lo que quiero obtener de mí misma.

No deseo seguir navegando en un mar de ideas sin concluir o indefinidas, sin conocimiento de su verdadero origen o fin. Me da igual obtener mis objetivos dentro o fuera de esta asociación. Lo que de verdad me importa es no incomodar a nadie, y por eso me extiendo en esta carta.

Sé que mi presencia es incómoda, y buscáis el argumento para decirlo. No quiero basar mis razones en retorcijos de esta cabeza, ni respaldarme en el éxito o fracaso de los demás o en sus ideas. Quiero obtener mi felicidad — y la de mi prójimo, sobre todo la de mi familia— por medio de mi propio esfuerzo, pero no en un clima que me condicione perpetuamente a concesiones.

En todo caso, cada día tengo más claro que en todo esto no he sido ni menos víctima ni más verdugo que nadie.

Solo ha habido una diferencia de conducta que no habéis sabido encajar.

Creo que esta situación no es justa para nadie —ni para vosotros ni para nosotros— y ha cambiado, pero no en mejor para nosotros.

Mi decisión de escribiros la tomé después de que Robi me comentara la conversación que tuvo con Lander. No he querido hablar con él a solas, porque si hablo con alguien, quiero que sea constructivo y no una discusión partida de dudas, suposiciones o conclusiones equivocadas.

En vista de lo anteriormente expuesto, esta situación para nosotros no radica solo en progresar según los objetivos de Díanova, sino también en una relación deteriorada por parte del grupo dirigente.

Por lo tanto, pensamos que, puestos a escalar con tanta dificultad, mejor hacerlo en terreno propio. Pues debería haber algún acto grave por mi parte que os hubiera perjudicado a vosotros o a la asociación más de lo que me haya perjudicado a mí misma. Solo entonces mi ánimo sería afín a reconquistar vuestra confianza.

Por lo tanto, ¿qué opciones nos quedan? Nosotros no hemos visto nada: ni a dónde ir a vivir, ni qué vamos a hacer. Nada.

En el caso de irnos, nos gustaría hacerlo preparando algo más o menos firme donde meter los pies. Ello implica hacerlo paulatinamente. No quisiéramos que, si así fuera, nuestros hijos lo vieran con frustración o tristeza. Es su único hogar hasta hoy.

Necesitaríamos vuestro apoyo y solidaridad —moral y material— y que nos aconsejéis si veis alguna trayectoria opcional posible, así como que las conversaciones a venir progresen en un clima pacífico.

Gracias por vuestro tiempo y atención. Un saludo.

Carta XVI

A la atención de los diferentes miembros de la Comisión de Transición.

Queridos amigos:

Me dirijo a vosotros con el deseo de estar en armonía con mis propias capacidades y principios. Siendo consciente del alto nivel moral e integridad que representa ser miembro de esta Fundación, y no sintiéndome satisfecha ni con mi conducta ni con la de quienes la representan, deseo expresar mi voluntad de dimitir de esta Fundación.

Lo hago con el único fin de remitirme al verdadero ideal que me une a esta obra: ayudar.

A mi parecer, estamos lejos de imaginar la responsabilidad que implica el paso que hemos dado. Hemos querido sustituir las funciones de quien engendró esta obra, debido a la insuficiencia de sus capacidades para abordar toda la responsabilidad que requieren los compromisos y problemas de esta organización. Su avanzada edad, su celo por no perder el dominio sobre lo que ha creado, sus temores, flaquezas y emociones se acentuaban inmensurablemente, afectando el clima general y el funcionamiento de la asociación.

Esta gran herida es el resultado de una vida abordada desde los extremos, bajo un único sostén: una fe genuina. Motivo suficiente para llegar hasta el mejor diamante.

Pero en este sentido, es el corazón humano quien se expresa. La sabiduría, madre de la verdad y la justicia, da fruto a sus leyes bajo el complemento de todos nuestros sentidos.

Por esa razón, aceptamos el compromiso de impedir que la fragilidad de Lucien perjudicara toda la obra. Nos sujetamos a la idea de que ninguna herida personal pusiera en peligro nuestra acción. Y, por lo tanto, sujetamos también a aquellos que se jactan de representar la democracia, siendo nombrados para ejercerla en nombre de una multitud, a aplicarla desde el ejemplo, y ser el medio para que su aplicación beneficie a todos.

Ser escogido para velar por los fines y principios de un espíritu democrático implica saber rechazar o apartarse de aquello que pueda corromper o desviar la integridad de los ideales que respaldan dicha política. Y si no puede evitar confundirse, debe recordar que el Consejo no juzga, no ejecuta, no consiente: debe ser el canal de una reconciliación en defensa de las leyes que establecen la democracia.

Estas leyes son regidas por la mayoría, que ya se pronunció al elegir los miembros del órgano que la representa. Si en algún momento ese concepto no adquiere una reconciliación, deben exponerse de nuevo los inconvenientes ante la mayoría, con contundencia y claridad, para que esta vuelva a pronunciarse.

No sé si estoy en lo cierto. Y si lo estuviera, no me expreso con el fin de agradar, acusar o defender a nadie, ni siquiera a la democracia. Intento ceñirme y recordar las aspiraciones que juntos hemos expresado, para que juntos también seamos conscientes de que vuestras divisiones están haciéndonos sufrir a muchos.

La falta de flexibilidad entre vosotros impide que nuestras ideas estén en armonía y hace más dolorosa esta etapa de incertidumbre. Todos estamos unidos por el mismo error y la misma virtud. No podemos juzgarnos los unos a los otros ahora.

Debería servirnos de ejemplo algunos compañeros que han preferido defender los ideales comunes en lugar de apaciguar su propio dolor. Solo por honor a ellos y su lealtad, tal vez fuera mejor método empezar a discernir nuestros propios errores. Porque todos, sin excepción, tenemos donde mirar en nuestro interior y empezar a cambiar las cosas desde ahí, no desde la idea de "yo soy mejor que aquel".

Todos participamos en la edificación de esta obra. Y de un modo u otro, todos hemos sido parte de una conducta errónea. Cada uno debe reconducirse en la medida que le corresponda. Nadie puede decir "yo he puesto más ladrillos que aquel", ni tampoco que fue parte de esa construcción para abandonarla cuando pudiera disfrutarla.

Nadie va a decirle a su vecino "repara tu grifo, que mi factura de agua es muy alta". Si hay cuatro pilares en un edificio y son diferentes entre sí, ¿significa eso que representan fundamentos distintos? Todos ellos sostienen la misma estructura. Pero si uno titubea, todo se quiebra. Es cierto que unas partes se apoyan más sobre unos extremos que otros, pero aun así, todos forman parte de la misma cosa. O tal vez... los cuatro pilares son un error.

Soy pesada, lo sé. Pero no hago otra cosa que cumplir con lo convenido. Mi carta de dimisión no tiene otra intención que poder expresarme y exponer las razones por las que prefiero no estar en la Fundación Engelmajer.

Sé que esta avanza con agilidad y eficacia en el sector administrativo, y eso es magnífico, porque es una parte esencial. Pero no es todo lo esencial. Yo seguiré aquí. Esta es mi casa. Mis competencias son estrictamente humanas y se adaptan a cualquier actividad de base, como pasar el mocho en las cuatro esquinas de la asociación. Y eso es lo que me permitirá estar al lado de quienes aún necesitan un bastón para superar los momentos difíciles, con humildad, y donde vosotros queráis, al mismo precio que hasta ahora.

Pero, eso sí: si alguien acepta por misión dar de beber a todos, que no lo haga para saciar primero su propia sed.

Un beso muy fuerte.

PD: A mi parecer, la democracia debe completarse con el máximo de alternativas que permitan, desde la unión, adquirir nuevas vías que nos conduzcan al progreso.

Capítulo 6: Baco

Construir un negocio desde cero fue un desafío que ella nunca imaginó, pero la necesidad los obligó a hacerlo. Con cada golpe que la vida les dio, aprendieron a adaptarse, a resistir, a no rendirse. Y ahora, con la pizzería, tenían la oportunidad de crear algo propio, algo que nadie les podría quitar.

Era un sitio preparado con mucho cariño y tenía potencial. Habían instalado un horno de leña y una chimenea.

La noche de apertura estaban el pizzero, el cocinero, la camarera, Roberto y ella. La gente empezó a llegar de repente, como una avalancha, y ella se puso a acomodar a los clientes con una habilidad sorprendente. El local abrió en septiembre, justo después de la feria del vino.

Los primeros días fueron los más difíciles: organizarse, contentar a la clientela, fidelizarla, lograr que salieran con ganas de recomendar el restaurante a sus conocidos y familiares. La pizzería empezó a ganar clientes, cada vez más y más. Se hicieron parte del pueblo. La gente iba no solo por la comida, sino por el ambiente acogedor que habían creado.

Al fondo, el salón del restaurante estaba repleto de clientes, un mar de risas, charlas y platos —pizzas, carnes y pasta— que se servían sin cesar. El ambiente era cálido, lleno de vida. Los camareros, sus ayudantes, corrían de un lado a otro con energía frenética, pero todo parecía encajar: los pedidos salían rápido, la gente estaba contenta y los niños pintaban con ceras de colores los manteles de papel blanco que cubrían las mesas.

Ella miró alrededor, viendo cómo todo se movía, cómo la pizzería comenzaba a ser un lugar querido. La gente reía, algunos pedían más cerveza, otros simplemente disfrutaban de una noche fuera. El local, que había comenzado como una idea compartida, parecía ya parte de algo más grande, como si se hubiera integrado en ese rincón del mundo donde la pizza era la excusa perfecta para unir a todos.

—Nos vamos a matar de tanto trabajar —le confesó a Roberto una noche, después de una jornada agotadora.

—Míranos. Hemos construido algo de la nada. ¿Recuerdas cómo empezamos?

Ella lo recordaba. Recordaba las noches de incertidumbre, las puertas que se les cerraron. Pero ahora habían logrado algo propio, algo que les permitía mirar al futuro con esperanza.

El negocio siguió creciendo y con él sus aspiraciones. Empezaron a plantearse expandirse, mejorar el menú, ofrecer más opciones a sus clientes.

Una tarde, mientras ella limpiaba las mesas después de la comida, un cliente habitual se acercó.

—Quería decirte que admiro lo que han hecho aquí —dijo—. No es fácil levantar un negocio como este, pero ustedes han creado un sitio especial.

Sus palabras la llenaron de orgullo. Porque la pizzería no era solo un negocio. Era su prueba de que podían reinventarse. Y aunque el camino aún era incierto, por primera vez en mucho tiempo, ella sentía que estaban avanzando en la dirección correcta.

San Antonio se convirtió en el escenario silencioso de una nueva etapa en la vida de Begoña. Atrás quedaban los años de viajes, de mudanzas, de proyectos, de reuniones y misiones. Allí, en ese pueblo cercano a Requena, encontró algo que no había tenido en mucho tiempo: estabilidad. No era una vida perfecta, pero era suya. Y eso bastaba.

La casa que alquilaron era modesta, con paredes que crujían en invierno y un jardín interno que intentaba resistirse a florecer, pero que con ella, y sus mimos, le resultaba difícil. Dentro, todo estaba lleno de vida. Andy y Rebeca crecían rápido, demasiado rápido. La adolescencia llegó como una tormenta suave: no arrasó, pero dejó huellas. Rebeca se volvió introspectiva, con una mirada que parecía escudriñar el mundo desde una distancia prudente. Andy, en cambio, era pura energía, siempre buscando algo que hacer, algo que cuestionar.

Begoña, como madre, aprendió a navegar esa etapa con una mezcla de firmeza y ternura. No era una mujer que impusiera, pero tampoco cedía fácilmente. Su papel se transformó: ya no era solo la cuidadora, la que preparaba meriendas y curaba rodillas raspadas. Ahora era confidente, mediadora, testigo silenciosa de las primeras heridas emocionales de sus hijos.

Los lunes eran sagrados. El cine se convirtió en el ritual que los mantenía unidos. No importaba si había tareas pendientes, si el día había sido largo o si alguno estaba de mal humor. Los lunes por la tarde, todos se subían al coche y conducían hasta el Bonaire. A veces elegían comedias, otras dramas que los dejaban en silencio durante el camino de vuelta, y era una buena alternativa a los concursos entre hermanos en canto de canciones. Pero lo importante no era la película, sino el gesto: estar juntos, compartir un espacio los cuatro.

Begoña adoraba esos momentos. Ver a sus hijos discutir sobre el final de una historia, escuchar a Robi hacer bromas sobre los actores, sentir que, por unas horas, el mundo se detenía. Era en ese cine donde se permitía respirar, donde podía observar a su familia como si fueran personajes de una película que ella misma había creado.

Pero ser madre en San Antonio no era solo cine y cenas en familia. También era enfrentarse a la mirada ajena, a las expectativas que la rodeaban como mujer. A veces sentía que debía justificar su fuerza, su independencia, su forma de estar en el mundo. No encajaba del todo en los moldes tradicionales, y eso la hacía visible, incómoda para algunos. Pero nunca se dejó influenciar.

En las noches, cuando la casa se sumía en silencio, Begoña escribía. No textos largos, ni diarios detallados. Solo frases sueltas, pensamientos que necesitaban salir. Era su forma de mantenerse conectada consigo misma, de recordar que, además de madre, también era mujer, también era Bego. Tampoco olvidemos sus pinitos en la plástica, normalmente collages abstractos de diferentes saturaciones y formas.

Los años pasaron, y los lunes de cine se volvieron menos frecuentes. Rebeca empezó a salir con sus amigas, Andy se encerraba en su mundo de música y videojuegos. Pero Begoña nunca olvidó esa etapa. Porque fue allí, en San Antonio, donde aprendió que la maternidad no era solo cuidar, sino acompañar. Que ser mujer no era renunciar, sino integrar. Y que, a veces, el amor se construye en las pequeñas cosas: una entrada de cine, una conversación en el coche, una risa cómplice en la oscuridad de una sala.

En San Antonio, además de cuidar de su familia, Begoña cuidaba de sus jardines como si fueran una extensión de sí misma. Cada mañana, antes de que el sol se alzara del todo, salía al pequeño patio con una regadera en mano, inspeccionando sus calas, sus rosas, sus geranios. Las hablaba en voz baja, como si entendieran. Les quitaba las hojas secas con delicadeza, les cambiaba de sitio si notaba que el sol las castigaba demasiado. Era un ritual silencioso, íntimo, que le devolvía algo que ni el trabajo ni la maternidad podían ofrecer: una conexión profunda con lo vivo, con lo que florece sin pedir nada a cambio.

Las calas eran sus favoritas. Decía que tenían algo de elegancia particular, como si supieran que la belleza no siempre era alegre. Las rosas, en cambio, le exigían más: podas precisas, tierra adecuada, paciencia. Pero cuando florecían, Begoña se quedaba un rato observándolas, como si cada pétalo fuera una recompensa por su constancia.

El jardín era su refugio. Allí leía o escribía a veces, sentada en una silla de mimbre, con una libreta sobre las piernas. Allí también lloraba, cuando nadie la veía. Porque entre las plantas, el dolor parecía menos áspero, más llevadero.

Y luego estaban los veranos en Cerdeña.

Cuando compraron la casa en Cala Grotta, sobre aquel acantilado de la isla de Sant Antioco, Begoña sintió que algo en ella volaba. La casa era sencilla, con paredes encaladas, ventanas y una terraza que daban al mar. Desde la terraza se veía el azul profundo del Mediterráneo, y el sonido de las olas golpeando las rocas se convirtió en la banda sonora de sus veranos.

Cerca quedaba Carbonia, donde vivía Nanda —la abuela de los niños— y también, suegra de Begoña, con quien compartía largas sobremesas los esperados domingos de paella. En Cagliari vivían sus cuñadas, y cada encuentro con ellas era una celebración de lo cotidiano: ir a tomarse un helado, dar un paseo, hablar hasta tarde, reírse de recuerdos que solo ellas entendían.

En Cerdeña, Begoña no era simplemente ella. Recogía conchas con Rebeca, se sentaba en las rocas con Andy a mirar el horizonte. En la terraza de la casa de Cala Grotta, el tiempo se detenía. Y en ese silencio, Begoña volvía a encontrarse.

El jardín de San Antonio e I Ciclopi eran sus dos paisajes del alma. Uno le enseñaba a cuidar, el otro a soltar. Y entre ambos, construyó una vida que, aunque imperfecta, estaba llena de sentido bajo un perfecto manto de estrellas.

Capítulo 7: La intervención

Begoña nunca olvidaría aquel día. Se despertó temprano, como cualquier otra mañana, con la obligación de acudir al médico para un análisis de sangre. Fue en ayunas, como debía ser, y al regresar a casa, desayunó con tranquilidad y luego fue a su habitación para vestirse.

Fue en ese momento cuando algo extraño sucedió. Un mareo la envolvió de repente. No era la primera vez que se sentía así. Llevaba días, quizá semanas, sintiendo un cansancio inusual, dolores de cabeza constantes, una fatiga que no desaparecía. Su médico de cabecera le había dicho que tenía la tensión demasiado alta, pero nunca encontraba una solución concreta.

Aquella mañana, el mareo fue diferente. Se tambaleó en el vestidor, el mundo giró a su alrededor y apenas tuvo tiempo de articular palabra.

—¡Ay, Roberto! —logró decir con dificultad—. Me encuentro fatal...

Como pudo, se dirigió tambaleante a la cama y se tumbó, esperando que aquella sensación desapareciera. Pero no lo hizo. Algo dentro de ella le decía que esto era más que un simple mareo. Fue entonces cuando decidió acudir al neurólogo. No podía seguir ignorando las señales que su cuerpo le enviaba.

Las pruebas fueron exhaustivas: radiografías, resonancias, análisis minuciosos. Recordaba con claridad el momento en que el neurólogo revisó los resultados. Su expresión se endureció, y su voz adquirió un tono grave que le puso la piel de gallina.

—Tienes un aneurisma —dijo, con el rostro serio, sin titubear—. Y no es pequeño.

Un escalofrío recorrió su cuerpo, como si alguien hubiera dejado caer un cubo de hielo sobre su piel.

—¿Qué significa eso? —preguntó, aunque una parte de ella ya sabía que la respuesta no sería buena.

El médico respiró hondo antes de continuar, como si estuviera eligiendo las palabras con cuidado.

—Significa que corres un riesgo muy alto —dijo, con voz tranquila, pero cargada de una gravedad que la hizo sentirse aún más pequeña—. Hay personas que tienen aneurismas pequeños y viven con ellos sin mayores problemas, pero lo normal es que no superen los tres milímetros. Y, además, está en una bifurcación peligrosa, donde los vasos sanguíneos se cruzan. Si no intervenimos, podría romperse en cualquier momento.

El aire se le escapó de los pulmones, como si le hubieran dado un golpe en el estómago. Todo a su alrededor comenzó a desdibujarse mientras las palabras del médico se repetían en su cabeza, una y otra vez. No sabía si sentía miedo, incredulidad o ambas cosas al mismo tiempo. Lo único que sintió con claridad fue un nudo en la garganta y una ansiedad palpable que se instalaba, pesada, en su pecho.

Fatal. Aquella palabra se clavó en su mente. Sintió el peso de la realidad cayendo sobre sus hombros. El médico le recomendó operarse de inmediato. No había tiempo que perder.

Todo ocurrió rápido. Prepararon los papeles y en poco tiempo le dieron cita en el Hospital La Fe, en Valencia.

Sin embargo, la primera vez que fue a operarse hubo un problema inesperado.

—No podemos intervenir mientras tomes el adiro —le informaron los médicos a la mañana siguiente de haber pasado la noche en observación—. Podría causar un riesgo de sangrado grave. Debes suspenderlo y te avisaremos cuando sea seguro proceder.

Begoña asintió, resignada. No quedaba otra opción. Confió en que pronto recibiría noticias. Pero pasaron los meses. Luego, los años. Casi dos.

La preocupación se instaló en su hogar como una sombra persistente. Ni ella ni Roberto entendían por qué no los llamaban. Los días pasaban con una mezcla de ansiedad e impotencia. Les habían dicho que estarían en contacto, que avisarían cuando la operación estuviera programada, pero el teléfono permanecía en silencio.

Desesperados, decidieron regresar al hospital para pedir explicaciones. Caminaron por los pasillos fríos y desangelados, sintiendo cómo el temor se aferraba a sus pechos. Cuando finalmente lograron hablar con alguien en admisión, la respuesta los dejó helados.

—Aquí consta que ustedes anularon la operación —les informaron, sin siquiera ni mirarlos a los ojos.

Begoña sintió cómo la sangre le abandonaba el rostro.

Finalmente, la operación se llevó a cabo. Begoña recordaba la sensación de perderse en la anestesia, el miedo latente de que algo pudiera salir mal. Pero cuando despertó tras la cirugía, a primera vista, todo parecía haber salido bien. Un alivio profundo la envolvió, como si una pesada losa hubiera sido retirada de su pecho. Pensó que lo peor había pasado.

Se equivocaba.

Diez días después, el alivio se convirtió en angustia. El dolor regresó, más intenso, más punzante. Algo no estaba bien. Lo sintió en lo más profundo de su cuerpo antes incluso de que los médicos lo confirmaran.

El 16 de noviembre del 2014, la víspera del maratón de Valencia, todo parecía seguir su curso normal, o al menos eso creían. Roberto estaba trabajando, y Begoña pasó la tarde con Simo y Corra, sus cuñados. No se sentía del todo bien; algo dentro de ella no encajaba, una sensación extraña, una especie de aviso sordo que no supo interpretar.

Cuando Roberto llegó más tarde, notó algo raro. No era capaz de identificar qué exactamente, pero lo sentía. En el fregadero había vasos sin fregar, algo que Begoña nunca dejaba pasar. Ella estaba tumbada en el sofá, mirando la televisión, pero apenas prestando atención. Apenas habían pasado veinte minutos de un programa que solían ver juntos y ya le pesaban los párpados. Tenían que levantarse temprano para ir a Valencia, pero era más que cansancio.

Roberto se acercó. Se agachó a su lado y la miró con atención.

—¿Qué te pasa? —preguntó con el ceño fruncido.

Begoña parpadeó, intentando enfocar su rostro. Se sentía extrañamente pesada, como si el aire a su alrededor se hubiera vuelto denso.

—Nada, estoy bien —respondió. Su propia voz le sonó lejana, ajena.

Pero no lo estaba. Lo supo en el momento en que intentó incorporarse y su cuerpo no le respondió. Roberto lo notó, claro que lo notó. Su mirada se tornó alerta y, sin decir más, se dirigieron al hospital sin perder más tiempo.

Los siguientes días se borraron en una niebla de luces blancas y murmullos de médicos. Un infarto cerebral. Otro ictus. UCI. Begoña se despertaba entre sueños confusos, con tubos, con voces que discutían sobre su estado, con el sonido de monitores que latían a su alrededor como si fueran una prolongación de su propio cuerpo. Dicen que se despertó hablando en francés.

Después de la UCI, la trasladaron a planta. Su cuerpo no respondía. No podía mover ni el brazo ni la pierna izquierda. Treinta días en el Hospital La Fe, con fisioterapeutas viniendo a diario, tratando de ayudarla a recuperar lo que su cuerpo había olvidado de un momento a otro. Poco a poco, mejoraba. Pero la verdadera recuperación vino después, cuando la trasladaron a otro centro de rehabilitación, donde pasó cuatro meses. Cuatro largos meses de esfuerzo, de avances diminutos, de aprender a vivir de nuevo.

Desde su cama lo veía todo. Veía quién entraba, quién salía, veía a su hermana Emilia quedarse con ella por las noches. Veía cómo sus ojos reflejaban el cansancio y la preocupación, cómo las rutinas de los demás se alteraban por su condición. Y aunque no quería que nadie cambiara su vida por ella, en el fondo lo necesitaba.

Emilia, su hermana del alma, su compañera de camino. La hizo reír en días en que no tenía fuerzas ni para llorar.

Estuvo ahí, durante los primeros años, cuando el cuerpo no respondía, cuando el ánimo se evaporaba. Supo leer sus silencios, comprender sus miedos, calmar sus tormentas. La cuidó sin aspavientos, como solo lo hacen quienes aman de verdad: sin condiciones, sin prisas, sin descanso.

Se sentó a su lado cada mañana, preparó su café cuando ni el aroma le apetecía.

Su amor fue bálsamo y escudo, raíz y ala. No hubo enfermedad que borrara la dicha de tenerla, ni oscuridad que resistiera el calor de su presencia.

Capítulo 8: La rehabilitación

No recordaba el momento exacto en que su mundo cambió. Quizá porque su mente, en un intento desesperado por protegerla, decidió borrar esos instantes de su memoria. Pero sí recordaba la sensación. La impotencia, la angustia, el miedo. En La Fe, los médicos les dieron muy poca esperanza de que pudiera volver a moverse con normalidad. En el nuevo hospital tampoco era muy diferente: los recursos eran limitados, y la incertidumbre pesaba sobre todos.

Sin embargo, todo cambió cuando llegaron al centro de rehabilitación de Bétera. Begoña hacía rehabilitación todos los días. Un equipo de profesionales la guiaba, la empujaba, le enseñaba a no rendirse. Pero sabía que cuando terminaran esos cuatro meses, el máximo permitido, todo cambiaría. Ya no tendría a los especialistas a su lado cada vez que lo necesitara. En casa, el desafío sería solo suyo.

Recordaba la primera vez que vio las instalaciones, los pasillos iluminados por una luz blanca que le resultaba fría y distante. No quería ser consciente de lo que estaba viviendo. Se evadía, se negaba a aceptar la realidad. Era demasiado, demasiado grande y doloroso todo lo que le estaba pasando como para afrontarlo de frente.

Además, cada vez que veía a su marido y a sus hijos pendientes de ella, se le rompía algo por dentro. No quería admitir que lo que le había pasado era tan grave. No podía. Pero los días avanzaban, y su cuerpo empezó a responder muy poco. Sintió una mejoría, aunque mínima, y eso le dio fuerzas.

Cuando finalmente volvió a casa, pensó que todo estaría bien, que el peor tramo del camino había quedado atrás. Pero la vida no funciona así. Sí, en el centro el proceso de adaptación al exterior había sido progresivo. Les dejaban salir los fines de semana, les daban cierta libertad...

Pero cuando llegó el momento de estar todos los días en casa, Begoña comprendió la verdad: ya no era la misma persona.

Intentó continuar con su recuperación y se apuntó a otra clínica, cerca de la Malvarrosa. La llamaban todos los días, pero en vez de mejorar, empezó a sentir que empeoraba. Fue un declive lento, casi imperceptible al principio, hasta que un día se dio cuenta de que la mejoría había dejado de existir. Se mantenía estable, sí, pero avanzar... nunca.

Y entonces llegó lo peor: la incontinencia. No poder controlar su propio cuerpo fue devastador. A veces su hijo tenía que ayudarla, lavarla, y aunque él nunca dijo nada, aunque siempre lo hizo con la mayor naturalidad posible, ella se moría de vergüenza. Le daba pavor depender de los demás hasta para lo más básico.

Roberto siguió trabajando, pero eventualmente lo dejó. Siempre tuvieron a alguien en casa para ayudarla, pero lo que Begoña necesitaba era algo diferente. Necesitaba una presencia constante, alguien que estuviera a su lado, no solo para asistir en lo físico, sino para sostenerla cuando sentía que se derrumbaba. Y, en parte, tuvo suerte. Estuvo rodeada de buena compañía, de amor y paciencia, pero el peso de la enfermedad no se comparte del todo.

Pasaron diez años desde que comenzó ese proceso. Diez años de tratamientos diarios, de intentos fallidos, de días en los que se miraba al espejo y no reconocía a la persona que veía.

Y, a pesar de todo, seguía allí.

Capítulo 9: Despedida

Begoña ya no podía más.

Durante años había imaginado que el final llegaría con una sensación de alivio. No con miedo ni con duda, sino con una calma profunda que la envolviera como una manta en una noche fría. Pero la realidad era otra. Después de diez años conviviendo con una enfermedad que la consumía día a día, lo tenía claro: quería despedirse. No deseaba seguir así.

Estaba agotada. Se sentía inútil. Todo, absolutamente todo, era un esfuerzo inmenso. Respirar, moverse, existir. Cada día le costaba más mantenerse despierta, más mantener una sonrisa en el rostro cuando lo único que deseaba era dejar de sentir ese dolor constante.

Roberto lo sabía, por supuesto. Lo habían hablado mil veces. Antes de que su cuerpo se convirtiera en una jaula, antes de que olvidara quién era, ambos decidieron ir al notario. Fue hace años, cuando aún no era legal, pero dejaron por escrito su voluntad, en caso de que la vida los atrapara en su propio dolor.

—¿Estás segura de esto? —le preguntó él, con esa preocupación que siempre se colaba en su voz, como si temiera que la muerte fuera solo un capricho pasajero.

Ella lo miró a los ojos, sin titubeos.

—Siempre lo supe —respondió. No era una decisión impulsiva ni momentánea, sino una convicción que habitaba en ella desde hacía mucho tiempo.

Roberto suspiró, pero no dijo nada más. Sabía que no había vuelta atrás. Sin embargo, eso no evitó que durante años Begoña se hiciera a sí misma un chantaje emocional. Se decía que elegir ese camino era egoísta, que era injusto para sus hijos, para su familia. ¿Cómo iba a abandonarlos en medio de todo? ¿Cómo no iba a querer ver a su hijo graduarse, celebrar los logros de su hija, estar presente en sus cumpleaños? Esos momentos... esos momentos que construyen la vida.

Pero entonces, una noche mientras permanecía despierta, mirando al techo, entendió algo. Algo que le hizo sentir un nudo en el estómago. Nunca se estaba escuchando a sí misma. Se sacrificaba por ellos, por el miedo a que sufrieran, por la culpa que siempre llevaba consigo. Y en todo ese sacrificio... se estaba perdiendo.

—¿Qué pasa, cariño? —le preguntó Roberto una mañana, al verla distraída, sumida en sus pensamientos.

Ella lo miró y se sintió, por primera vez en mucho tiempo, en paz con lo que estaba pensando.

—Me estoy perdiendo, Roberto —le dijo, con la voz temblorosa—. Y no quiero seguir así.

Él guardó silencio, pero su mirada lo decía todo. No era una sorpresa para él. Había visto cómo ella se desmoronaba, cómo se iba apagando poco a poco. Pero ¿cómo explicarle que su dolor no era solo físico? Que cada día, la parte de ella que era libre, que era Begoña, se alejaba más y más.

Y ahora, por fin, lo sabía: no podía seguir sacrificándose. Necesitaba ser fiel a sí misma.

Para ella, la eutanasia no era un final. No era el cierre de un capítulo. Era descanso. Era paz. Era, sobre todo, un reencuentro. El reencuentro con todo lo que había perdido a lo largo de los años.

Con Dios, con su madre que se fue tan temprano, con sus hermanos que ya no estaban. La idea de reunirse con ellos le daba consuelo, como una luz tenue que empezaba a brillar en medio de la oscuridad que sentía en su corazón.

Había vivido una vida plena, sí, pero también había pasado muchos años con un vacío, con un dolor que no se iba, con la sensación de que cada día, cada paso, era más difícil que el anterior. Y aunque muchos pensaban que la muerte era algo a lo que se le teme, para ella era lo contrario. La muerte no era esa sombra temida que todo lo consume, sino la paz que llega después de la tormenta. La calma que había buscado.

Cuando pensaba en lo que venía, no sentía miedo. No sentía tristeza. Solo sentía un deseo profundo, como si su alma, tan cansada, necesitara descansar. Un descanso eterno que le permitiera dejar atrás todo el sufrimiento que la había acompañado durante tanto tiempo. Y lo más importante: sentía que ese descanso no era la nada, sino un regreso. Un regreso a un lugar donde finalmente podría estar completa. Un regreso a esos brazos que la vieron crecer, a esas voces que le cantaban cuando era niña, a ese amor que nunca se desvaneció.

Sabía que muchos no entenderían su decisión, pero no era una fuga, ni una rendición. Era, simplemente, la única forma que tenía de regresar a casa. Y tenía tantas ganas de llegar a ese lugar de paz, de amor, de luz. El dolor se iba desvaneciendo lentamente en su mente, reemplazado por la esperanza de un reencuentro que le daba consuelo.

Ya no tenía que seguir luchando contra un cuerpo que ya no le pertenecía.

Ahora, Begoña solo deseaba encontrar el abrazo del regreso. El rostro de su madre, la sonrisa de sus hermanos, el susurro de Dios diciéndole que todo estaba bien, que ya era hora de volver.

Sabía que sus hijos lloraban cada vez que hablaban de ello. Y eso la rompía. La destrozaba. No quería dejarlos solos. Pero ya no podía más. Cada pequeño movimiento era una batalla contra su propio cuerpo. Ir al baño se había convertido en una odisea. Ducharla era una tortura. A veces intentaba subir a su habitación, que estaba en el primer piso, agarrándose a la barandilla con todas sus fuerzas. Pero su cuerpo temblaba, le fallaba, la traicionaba. No sentía dolor, pero el esfuerzo era inhumano. Lo había dado todo. Lo había intentado todo. Y ahora, solo quería descansar.

Ese proceso había comenzado hacía más de un año y medio. Durante ese tiempo, lo aprovecharon al máximo. Organizaron una gran fiesta de despedida, reunieron a la familia y a los amigos, celebraron la vida en cada pequeño detalle. Pero luego, un día, algo cambió dentro de ella. Tuvo un bajón. Se apagaba poco a poco. La gente la miraba y notaba la diferencia. Antes estaba presente, pero ahora ya no. Ya había tomado su decisión.

Y, sin embargo, sabía que en cualquier momento podía echarse atrás. Incluso si faltaran solo dos segundos para el final, aún tendría el poder de decidir.

Sus grandes pasiones siempre fueron los libros. Tal vez por eso estaba escribiendo aquel texto, porque las historias siempre habían sido su refugio. Le encantaban las novelas de Noah Gordon, Crimen y castigo de Dostoievski, y sentía un cariño especial por Ken Follett, Carlos Ruiz Zafón e Isabel Allende. Ellos le ofrecieron mundos en los que perderse cuando la realidad era demasiado cruel.

Begoña intentaba no pensar en las cosas que le quedarían por hacer. Ya no tenía más ganas de vivir, pero a veces, cuando dejaba que la melancolía la atrapara, la invadía una tristeza profunda. Aun así, había hecho todo lo que estaba en sus manos. Había amado. Había reído. Había luchado. Y quería que este libro terminara con un agradecimiento. A todos los que la hicieron feliz. A quienes le dieron amor. A quienes estuvieron a su lado en los momentos difíciles.

Porque su vida había sido un amanecer constante. Y ahora, por fin, estaba lista para el descanso.

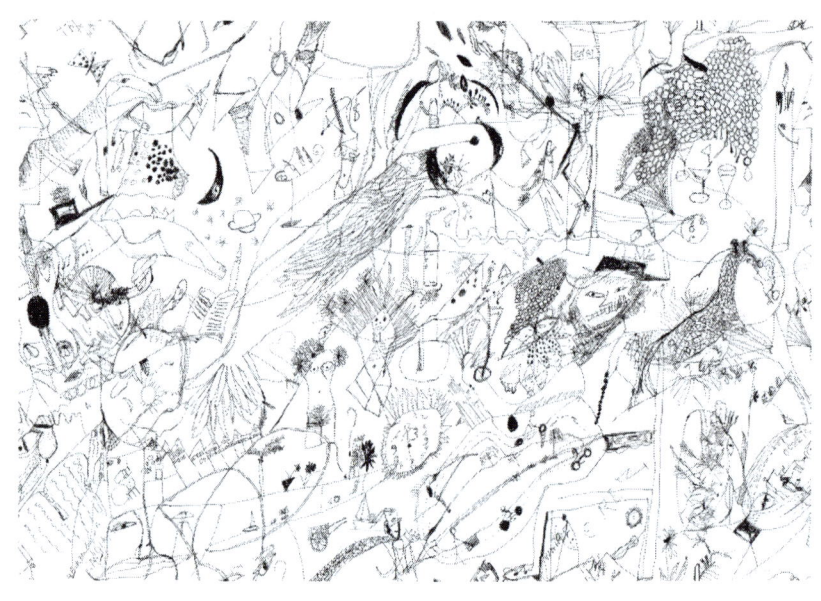

Andalucía. Begoña, 27 de marzo de 2024, San Antonio.

Flora. Begoña, 11 de febrero de 2024, San Antonio.

Estas dos obras fueron realizadas por Begoña junto a su hijo Andy, en un intento mutuo por reconectar tras un largo periodo de distancia. Para Andy, era una forma de compensar el tiempo perdido; para Begoña, una oportunidad de verbalizar lo que había callado. El arte se convirtió en su espacio compartido, íntimo y sanador. Cada trazo refleja el deseo de comprenderse, de escucharse, de estar juntos. Son exquisitas piezas que nacen del amor y del reencuentro de un hijo y una madre.

Cuaderno de memorias

Más de ochenta notas componen este recorrido emocional, íntimo y valiente. No hay pretensión de perfección ni de orden. Hay verdad. Hay días grises y corazones rebosantes. Hay ausencias que duelen y presencias que sanan. Hay música que arrastra el alma y recuerdos que sostienen el cuerpo. Hay rabia, hay gratitud, hay fe, hay cansancio. Hay familia. Hay amor.

La mayoría de estos textos fueron escritos por Begoña durante su proceso de rehabilitación, tras sufrir un accidente cerebrovascular, que marcó un antes y un después en su vida, el 15 de noviembre de 2014. Algunos, los que encabezan este cuaderno, fueron redactados antes, y permiten intuir con claridad su forma de estar en el mundo, su sensibilidad, su mirada. Juntos, conforman una secuencia de pensamientos que no busca explicarse, sino revelarse.

La voz que escribe no se esconde ni se disculpa. Se muestra con dignidad, con lucidez, con una fuerza que no necesita alzar la voz para hacerse notar. Es la voz de una mujer que ha amado profundamente, que ha sido madre, hermana, compañera, amiga. Que ha sentido el paso del tiempo en la piel y en el alma, y que ha decidido dejar constancia de ello. No para ser recordada, sino para no olvidarse a sí misma.

Este cuaderno es un acto de resistencia frente al olvido. Una forma de decir que cada día cuenta, que cada emoción merece ser nombrada, que cada vínculo deja una marca. Es un homenaje a los afectos, a los gestos cotidianos, a las pequeñas cosas que construyen una existencia plena.

Quien lea estas notas encontrará una mujer que se reconoce en sus luces y en sus sombras. Que no teme hablar de la senilidad, de la tristeza, del miedo, pero tampoco deja de celebrar la belleza de un café con leche, el abrazo de un hijo, la complicidad de una hermana, la fidelidad de un compañero.

Este cuaderno es un legado. No por lo que enseña, sino por lo que revela. Porque en cada línea hay una invitación a vivir con autenticidad, a amar sin medida, a agradecer incluso en medio de la incertidumbre. Es un espejo para quien se atreva a mirar con el corazón abierto.

Aquí no hay una historia lineal. Hay una constelación de momentos. Y cada uno de ellos brilla con la luz de quien ha decidido no callarse, no rendirse, no desaparecer.

- **San Antonio, 15 de diciembre de 2005**

Queridísimo, cariño mío: Vida de mis vidas, corazón de mis corazones... ¡Feliz cumpleaños!

Quisiera que en este día todos tus esfuerzos y sacrificios fueran recompensados. Que todas las cosas que te inquietan y te aturden se disiparan, que por este día tu alma reservara un espacio para depositar todas las cosas que mi espíritu y mi corazón quisieran compensarte.

Quisiera regalarte sosiego, todos los mimos que en ti quiero fraguar. Quisiera ser ese tónico que conduce tus inquietudes a buen puerto, y tantas cosas buenas más para ti...

Pero ya ves, soy tu incansable compañera; el eco de tus propias preocupaciones, el lamento de tus descontentos, la habitación vacía de tu soledad. Soy el espejo de tus sonrisas y tropiezos, el medio paso que completa tu paso. Y quisiera ser más y mejor, pero solo puedo ser aquella que, aparte de tu padre y tu madre, te desea lo mejor en todos tus días, en todos tus cumpleaños y en todo nuestro porvenir.

Tú, que me ayudaste a crear a los seres más maravillosos del mundo, eres el mayor tesoro que les puedo regalar. Por tanto, todo aquello que se establezca de bueno en tu corazón será, de tu mano, el nexo de nuestra prosperidad y unión.

Tú eres nuestra referencia en este largo camino. No dejes nunca de guiarnos hacia la felicidad.

Te amo, cariño mío. Feliz cumpleaños.

- **San Antonio, 15 de diciembre de 2007**

Amor mío:

Sé que siempre te ha gustado que te escriba cosas, mis sentimientos por ti... aunque nunca hayas conservado nada de lo que te he escrito. No es un reproche. Hoy te vuelvo a escribir porque lo siento y porque quiero darte las gracias.

Gracias por habernos reencontrado en nuestro camino. Gracias por mostrarme de nuevo tu corazón, por lograr que vea que tus deseos más importantes son, con los míos, una fusión.

Te quiero mucho, amor mío. Deseo que nuestro amor prevalezca eternamente, que sea la semilla fecunda del futuro y felicidad de nuestros hijos, nietos, bisnietos... hasta siempre. Ese es mi único y verdadero sueño. Todo lo demás son fantasías y superficialidades que nunca me llenarán como nuestros lazos.

Nuestra armonía es la que me da vigor y perspectiva para superar cualquier problema que debamos afrontar juntos.

Este ha sido un año complejo y difícil, pero también nos ha enseñado muchas cosas. A partir de ellas debemos re-emprender nuestro camino.

Corazón mío, estoy muy enamorada de ti, y espero que nos queden muchos cumpleaños por celebrar, pudiéndonos regalar cosas tan importantes como este año.

Te amo. ¡Feliz cumpleaños! ¡Feliz 44!

- **San Antonio, 19 de marzo de 2008**

Queridísimo Roberto:

Mi más apreciado compañero, mi eterno enamorado, esencia de mi mayor felicidad y recompensa: nuestros dos hijos.

Todas las emociones que inspiras a mi alma fluyen revoloteando, chispeando, como las chispas que surgen de un gran fuego.

Todos mis sentimientos hacia ti son sólidos, indestructibles. Ni la rabia de las dificultades, ni los innumerables descontentos que empañan nuestro cotidiano convivir podrán jamás derrotar el amor que en mi corazón reina por ti.

Te amo, cariño. Y en este día en el que se conmemora el Día del Padre, quiero hacerte consciente de mi amor, que tal vez en demasiadas ocasiones se despoja de gestos y manifestaciones, pero puedo asegurarte que nunca pierde el rumbo.

Sé que este año, en torno al nombre de "padre", girarán muchos interrogantes, igual que en el de "madre", más que ningún otro año. Nuestros hijos ya no son niños pequeños. Han llegado a la puerta del tramo más duro de la vida, en el que inicia esa especie de laberinto donde uno busca desesperadamente el camino más corto a la felicidad.

La torpeza y arrogancia propias de la edad que atraviesan los impulsará a asumir resultados que no buscan en la mayoría de ocasiones. Y desgraciadamente, en este tramo, tú y yo solo podremos arroparlos cuando cada bofetada de esta vida les indique que algo está mal.

Tú y yo somos el verdadero camino y acompañante de nuestros hijos, aunque ahora lo rechacen. Lo más importante es que sepan que, cuando se equivoquen, nosotros somos el camino para que se reconduzcan.

Aunque no seamos perfectos, aunque las dudas sobre el papel que jugamos nos invadan constantemente, no olvides quién eres en el fondo. Por muchos tumbos que den ahora, nuestros hijos —y a pesar de ellos— no podrán ser menos buenos que tú y que yo.

No pierdas la fe ni la confianza en ti mismo, y sobre todo en ellos. Ten paciencia, ayúdame a tenerla, y lo conseguiremos.

Lo importante es que ante sus corazones no se nuble nunca el gran amor que siempre les has demostrado. Eres un gran padre porque eres una gran persona. Y aunque ellos no sepan aún interpretarlo, no te sientas defraudado.

Te aseguro que llegará el día en que lo verán totalmente claro. Ten fe en ti mismo y en tus intenciones como padre, y eso les dará también a ellos confianza en ti.

No te preocupes, cariño. Aunque es duro, tenemos que asumir sus pequeños fracasos como parte del paquete, como lecciones que se deben llevar.

Lo importante es que aprendan que uno puede levantarse después de cada caída y volver a empezar. Y que nosotros estaremos ahí, juntos, para ayudarles.

Te quiero y te amo por siempre, Robi. Feliz Día del Padre.

- **Una semana después de sufrir el ictus**

Elogio a la vida

Estoy feliz de formar parte de esta época. Me gusta cómo son las personas, la juventud, en la que todo tiene su sentido de ser. Todo está aquí, bajo una misión.

Me gusta ser compatriota del mundo de Tiziano Terzani, de Mandela —con quien comparto día de cumpleaños. Me gustan los profesores de mis hijos, me gusta lo que aprenden, cómo lo aprenden, y su forma de comunicar su experiencia.

Me gusta cómo enseñan a mis hijos a convertir este mundo en un lugar mejor para todos.

Quiero que el porvenir sea hijo de una elipse de personas magníficas, como todas las que en estos días me están rodeando.

Mis palabras son un elogio a la vida. Porque la amo. Y quiero disfrutarla con mis hijos, mis hermanos, mis amigos, mi compañero... y mis madres.

- **Bétera, 21 de enero de 2015**

Me encuentro ubicada al lado de Bétera, en un hospital situado en medio de la naturaleza y el campo. Disfruto del aroma a olivo, eucalipto, pinos y diversas hierbas silvestres.

Todavía no me siento con ganas de escribir y expresar lo que estoy sintiendo y viviendo. Lo único que sí tengo ganas de expresar es la felicidad que siento al constatar la gran humanidad que desprenden todas las personas que aquí conviven y nos ayudan.

Es cierto que mi situación actual no es comparable a ninguna otra que haya atravesado. Pero parto de la base de que mi vida ha sido siempre un privilegio.

- **Bétera, 23 de enero de 2015**

¿Quién me iba a decir que alcanzaría estas fechas, sobre todo por cómo estoy?

No puedo quejarme. En este instante me rodean unas maravillosas palmeras y uno de los tesoros de mi corazón: mi querida hermana Montse, mi gran compañera de viaje, mi confidente y cómplice en tantas cosas e ideas.

El amor que siento por ella es inmenso, además del respeto y la consideración que me inspira. Con ella comparto las sombras y pesares de nuestra familia, sus sentimientos hacia Dios y la vida. Su mirada nunca me juzga, sus gestos me divierten, y soy feliz siempre junto a ella.

- **Bétera, 25 de enero de 2015**

Queridísima familia:

Buenos días. Espero que todos estéis bien, disfrutando de mi isla y su clima. Os deseo un día estupendo y maravilloso.

Yo estoy aquí, en esta estupenda casa en San Antonio. Acabo de terminar de desayunar un rico café con leche, acompañado de un cruasán calentito y mermelada de frambuesa casera que me ha preparado mi maridito, mi fiel compañero, mi maravilloso Ángel de la Guarda.

Todo lo que comparto con él es felicidad, progreso, ilusión. Todo nace del amor frágil y fuerte que nos vincula.

Os amo a todos con todo mi corazón. Miro hacia el futuro viéndonos juntos, riendo, comiendo paella... No olvidéis que formáis parte de las raíces de mi personalidad.

Os quiero. Un fuerte beso.

PD: No os podéis ni imaginar: ahora me ha reformado el baño para que pueda entrar en la ducha. Además de bonito, ha quedado espacioso y práctico. Con este hombre no me falta de nada.

Dentro de dos días se cumplirán tres meses desde mi operación.

Aquí estoy, con mi fiel hermana Emilia, que no me deja ni a sol ni a sombra. Estoy feliz, dentro de lo que cabe, aunque quisiera estar mejor. El tiempo no pasa. Los días se me hacen muy largos.

Menos mal que estoy rodeada de naturaleza. No sé expresar las emociones que despiertan todos estos árboles que me rodean.

Mi amado marido Roberto acaba de llegar. Me ha saludado con su maravillosa sonrisa, esa misma que hace tantos años me enamoró perdidamente.

• **Bétera, 27 de enero de 2015**

Hoy es un día extraño, con el cual no me apetece en absoluto convivir. Ayer fue peor.

Estoy muy desorientada. Me encuentro en una fase del camino en la que busco pistas para ubicarme, pero no logro encontrar ninguna. Me siento como cuando te tapan los ojos y extiendes las manos en busca de algún obstáculo que te revele algo... pero estás perdida. No me localizo, ni interior ni exteriormente.

Miro a la gente y les veo hacer de todo. Siento añoranza por mi brazo, mi mano, mi pierna... por todo mi lado izquierdo.

En fin, supongo que Dios no se habrá olvidado de mí, y que pronto me reencontraré conmigo misma. Espero acabar pronto con todo esto para poder devolverles a las personas que amo mi verdadero yo.

- **Bétera, 28 de enero del 2015**

Un día más, Señor… ¿Qué pasa? Me ha caído una mancha de alquitrán en la cabeza. Es horroroso. El tiempo no pasa.

Hoy estamos aquí, intentando comprender las inquietudes de J. Gil, la señora que está en mi habitación, al lado de mi cama. Tiene 85 años y le ha pasado algo parecido a mí, solo que lo suyo fue una hemorragia cerebral. La parálisis la tiene igual que yo, en la parte izquierda. La mujer tiene urgencia de ir al baño, pero no es posible llevarla, porque su cuerpo no responde a los movimientos necesarios.

Mi hermanita Emilia sigue aquí, a mi lado. A las 8:00 de la mañana me ha dado el desayuno. Ya me he duchado, secado el pelo y todo.

En fin, el día vuelve a ser hermoso, con un sol maravilloso.

Hoy, en mi corazón, aunque algo alejada, suena un tímido tintineo que intenta alegrarlo. Sé que es mi hija, que piensa en mí, que desea verme bien, como antes. Mi hija es el motor de mi motivación. Es la alegría del jardín de mis emociones.

No hay palabras que puedan transmitir a nadie el amor que siento por mi hija y mi hijo. Fue mi hija quien

135

despertó en mí el amor de madre, quien me hizo comprender la capacidad de sentimientos y emociones que siente una madre.

Creo que esta tarde vuelvo a verla. Cuando la veo, me derrito. Sus ojos, sus labios, su cabello, su cuerpecito... todo en ella me parece un milagro de la naturaleza.

En fin, estoy enamorada de mi hija Rebeca.

- **Bétera, 29 de enero de 2015**

Un día más que cruzar hacia la victoria, para dejar esta enfermedad extraña aparcada. El día está algo nublado y hace un poquito de fresco.

He ido a ver a la logopeda, y me ha dicho que mi sonrisa en el lado izquierdo empieza a insinuarse. Con ella trabajo los músculos de esa parte de mi cara: los labios, la lengua... En fin, todos los días un poco. Ya falta menos. Cada día, un pequeño avance. No me puedo quejar. Todo llegará con paciencia.

He dormido bien esta noche y me siento más o menos descansada. Aunque, es cierto, me aburro y no tengo ganas de hacer nada. En fin, todo pasará.

En mi vida ha habido diferentes etapas en las que la clave era saber esperar, tener paciencia y esperanza. Echo mucho de menos a mi hijo, con quien siempre me divierto, con sus bromas y ocurrencias. Sé que no tardaré en verlo. Esta tarde veré a mi pequeña.

Mi hermana Emilia sigue aquí. Siempre lo presentí: que al final sería ella quien me acompañaría en este difícil tramo del camino.

Dentro de todo, hay algo que me llena de alegría: la fuerza y el ánimo con que Roberto está afrontando las cosas. Es un campeón. Realiza sus tareas cotidianas y también las mías. Su capacidad no tiene límites. Es un ser extraordinario, con quien quiero compartir mi vida hasta el último momento. Su amor es como un pulso que no deja de sonar en mi corazón, y me obliga a seguir.

- **Bétera, 30 de enero de 2015**

Ahora sí: ya hace tres meses que me operaron. En el fondo, el tiempo sí pasa, solo que es difícil darse cuenta.

Alguien como yo, que siempre ha disfrutado haciendo cosas, ahora no puede hacer nada porque todo mi lado izquierdo no responde. Pero no pienso desanimarme. Tengo que llegar victoriosa hasta el último paso. No puedo rendirme ni dejar olvidados a mis seres queridos. Tengo que seguir hasta el final.

Tengo muchas ganas de pasearme por las rocas, por las rocas de I Ciclopi, de volver a ver la espuma del mar cuando está bravo. La luna también es hermosa… y las estrellas. Es un lugar paradisíaco. Me encanta. Ya falta menos para ir.

- **San Antonio, 1 de febrero de 2015**

Gracias, Señor, por haberme permitido tener una casa tan bonita. Me siento muy feliz hoy aquí con mi hijo e hija.

Mi marido hoy no está, ni mi hermana Emilia, a quien echo de menos. Está con sus hijos, por los cuales está sufriendo mucho, pues no puede compartir su tiempo con ellos. Su historia es tan larga como un libro, por lo cual no haré más referencias al respecto.

Yo solo espero que mi hermana encuentre conciliación en su vida, sobre todo con respecto a sus hijos. Está sola, luchando por ellos, por conseguir estar unidos los cuatro otra vez. Y estoy segura de que lo conseguirá.

He ido a ver si ya habían despuntado los brotes de las calas, y no, aún no ha salido ni una. Sé que saldrán el mes que viene, hacia el 26 o 27, los cumpleaños de mis hermanitas Montse y Brígida. Eso quiere decir que en esos días las flores que nacen son especiales.

En fin, tengo ilusión en ver mis calas. Ya falta poco.

- **Bétera, 2 de febrero de 2015**

Ya he vuelto al hospital. El fin de semana en casa ha sido maravilloso. He estado con las personas que más amo en el mundo: mis dos hijos y Roberto.

Cada vez que reflexiono sobre lo que está haciendo mi marido, alucino. Es increíble su esfuerzo para que todo vaya bien, para que haya orden, para que no nos falte nada. Es, de verdad, un gran ser humano: completo, riguroso consigo mismo, enamorado y agradecido por todo lo que le rodea.

Hace diez minutos ha venido a visitarme María Rosa, la doctora Roca. Me ha dicho que todo va bien. Que al principio hubo un momento en que la evolución tomaba más prisa, pero que ahora el ritmo se ha normalizado, y debe ser así: lento y meticuloso.

En fin, qué paciencia. No hay atajos ni otro camino. Espero que en dos meses pueda coger esta libreta y deciros que ya estoy bien. Estoy segura de que lo voy a conseguir.

- **Bétera, 3 de febrero de 2015**

Principio de una semana que se me antoja larga, pues aquí siempre es lo mismo y me aburro.

A las 4:30 h voy a ver a Mari Carmen, mi fisio. Esos ratos se me pasan rápido. Las personas que se ocupan de la fisioterapia son especiales. Se nota que hacen su trabajo con motivación y vocación. Su ánimo es siempre dinámico y divertido. En fin...

- **Bétera, 3 de febrero de 2015**

Buenos días a todas las personas que amo en esta vida. Espero que todos paséis un maravilloso día.

Hoy es martes, principio de una semana que ya se me antoja larga. Aquí es siempre lo mismo. Me aburro.

Bueno, a las 11 debo subir a terapia. Esos ratos se me pasan más rápido. La verdad es que las personas que se ocupan de la fisioterapia son especiales. Se nota que hacen su trabajo por vocación. Tienen siempre un ánimo dinámico y divertido.

En estos momentos estoy sola con Gil, mi compañera de habitación. Tiene 85 años, pero la verdad es que estoy fascinada e intrigada por ella y su vida. Sé que ha sido nadadora y que ha participado en diversos campeonatos con éxito. Me parece una persona especial.

Cuando la observo, a veces veo su cuerpo y me quedo petrificada por la belleza que aún prevalece en ella. Se le nota que es una persona con carácter, valiente, con temple y combativa.

Esta enfermedad es horrenda. Las personas que nos hemos sentido tan útiles y activas, vernos así... es muy penoso.

La pobre Gil me causa mucha ternura cuando se queja de dolor. Es como si me doliera a mí.

Bueno, de todos modos, veo el final de este camino cada día más cerca.

- **Bétera, 4 de febrero de 2015**

Hoy ha sido un buen día. Han pasado muchas cosas especiales, y yo he estado con buen ánimo. Ya me queda menos.

En fisioterapia he subido y bajado escaleras, porque Mari Carmen me preguntó si en mi casa tenía escaleras que subir. *Le dije que sí, para ir a los dormitorios. En fin, estoy contenta.*

En poco rato llegarán Roberto y Rebeca, y ya mi día será completo.

- **Bétera, 4 de febrero de 2015 - 12:15 h**

Estoy esperando la comida. Así, la mañana ya habrá transcurrido.

Estoy muy cansada. He ido al logopeda, y me ha dicho que mi mejilla izquierda va mucho mejor. Lo que más deseo es irme ya a casa y hacer vida normal. Sé que aún me queda un trecho, y aguantaré, pero la verdad es que se me está haciendo muy pesado.

- **Bétera, 6 de febrero de 2015**

Hoy, aunque no sé por qué, mi corazón rebosa de alegría. Sin embargo, el día es realmente triste, gris; algunos copos de nieve han pululado por encima de nuestras cabezas.

Recuerdo a mi hijo, a quien echo mucho de menos. Pero tengo a mi hija, a mi marido y a mi hermana Emilia. No me falta nada, salvo que el tiempo pase con un poquito más de rapidez. Por lo demás, estoy servida afectuosamente: mis necesidades básicas y más están cubiertas. Tengo más de lo que se puede desear.

La presencia de mi hija inunda mi ser de paz y serenidad. Además, me gusta lo que hace, todo. Soy muy feliz por las cosas y experiencias que ella va a vivir.

141

- **San Antonio, 8 de febrero de 2015**

Acabo de regresar con mi marido de hacer footing: 9 km y 600 metros corriendo con él, yo en la silla. Su fortaleza no tiene nombre. Es increíble verlo empujándome cuesta arriba, cuesta abajo... en fin, un gran esfuerzo. Estoy muy orgullosa de él.

Hace mucho frío, aunque hay sol. La temperatura es baja, pero él, al ir corriendo, no tenía frío.

- **Bétera, 9 de febrero de 2015**

Ayer a estas horas estaba con mi marido haciendo footing. ¡Qué divertido fue! Quiere volver la semana que viene... ya veré.

Espero que esta semana pase rápido. Me encuentro bastante bien y tengo el ánimo para aguantar el tiempo que haga falta. Los rayos de sol ya entran por el balcón de mi habitación. Gil está a mi lado, sola. Mi hermana está limpiando algo en el baño. Es posible que luego salgamos a pasear, ya veremos. La temperatura hoy parece agradable... no sé.

- **Bétera, 10 de febrero de 2015**

Sol espléndido, temperatura agradable. Son las 9:46 h.

Estoy muy emocionada: hoy viene mi hermana Brígida a visitarme. Todo mi cuerpo vibra de emoción. Tengo ganas de abrazarla, de sentir su beso, su cariño, su dulzura. Viene con Rebeca.

Hoy mi hijo Andy tiene un examen. Estoy segura de que le irá muy bien, al menos eso deseo con todo mi corazón. Tengo unos hijos magníficos. Deseo que estén bien formados para afrontar esta vida con fortaleza, que sepan desarrollar mecanismos de defensa.

- **Bétera, 11 de febrero de 2015**

Aún no ha despertado el sol. Ni un solo rayo en el horizonte, y menos aquí en mi habitación.

Mi hermana Emilia se ha ido a ver a su hijo. Acabo de hablar con ella: está en Castellón. Espero que todo le vaya bien y que, como desea, pueda pasar al menos los fines de semana con él. Es una situación muy complicada y cruel para ella.

Mi maridito está aquí conmigo. No falla. Realmente tengo el privilegio de tener un marido así. Espero poder disfrutar con él muchas cosas buenas en esta vida. Al menos, eso es lo que quiero: darle el máximo de felicidad posible.

Andy, desde ayer te tengo en mis pensamientos con tus exámenes. Estoy segura de que te habrá ido bien. La memoria es un tesoro que tenemos. Por eso te dije que, si lo habías estudiado, seguramente te acordarías. Recuerda que cuando eras pequeño me repetías temas enteros sin fallar ni una palabra ni coma. Hijo, ten fe en ti mismo. Lo conseguirás, mi pequeño genio.

- **Bétera, 12 de febrero de 2015**

Hace un día gris y triste, a excepción de que tengo a mi marido y a mi hermana Brígida.

"Escríbeme algo", me dice mi marido. Y yo no tengo palabras ni expresiones suficientes para transmitir mi amor por vosotros, ni la felicidad con la que inundáis mi alma.

Con vosotros, el amor me corteja constantemente. Vivo en la ilusión de fundirme entre vuestras ilusiones y estar juntos por toda la eternidad.

- **Bétera, 13 de febrero de 2015**

Hoy sí que hace un sol espléndido. Estoy en la terraza de mi habitación, frente a él: su calor, su inmensidad.

Estoy contenta, a pesar de que ayer fue un día conflictivo. Estuvo Brígida conmigo, pero por desgracia se cayó y se rompió la muñeca. Lo pasó muy mal y nos asustamos mucho. Al final, Roberto la llevó al Hospital General y se la vendaron. En fin, ya ha pasado.

Ahora estoy otra vez con mi querida hermana Emilia. Roberto ha dormido conmigo esta noche.

- **San Antonio, 14 de febrero de 2015**

Estoy en casa, en mi bendita casa. Roberto ha salido un momento con la moto. Me alegra que se divierta un rato. Lleva demasiado estrés, y yo me angustio al pensar en todas las cosas a las que debe responder cada día.

Mi hija, Rebeca también está conmigo. Está malita, res-friada, y ha pasado una semana estresante. Ahora está descansando un poquito.

En fin, esta semana ha sido estresante para todos. Por fin se acabó. Faltan pocos días para terminar febrero... y para que terminen los meses en los que he estado en esta situación.

Ya no me queda tanto tiempo, y me siento fuerte para afrontar lo que queda. Estoy convencida de que todo va a salir bien. Gracias a Dios.

- **Bétera, 19 de febrero de 2015**

Estoy en el hospital, un día más, con mi fiel hermana, que no se separa de mí para nada.

Estoy bien de ánimo. Creo que esta recta final está a punto de concluir. Aunque me han dicho que mi evolu-ción va un poco lenta, a mí me da igual, porque me siento con la fuerza de superarlo hasta el final.

Ahora, a las 9:30 h, voy con Mari Carmen, mi fisio, que me ayuda mucho.

- **San Antonio, 22 de febrero de 2015**

Estoy en mi casa en San Antonio. No hace sol, pero para mí es como si lo hiciera. Roberto se ha ido a hacer un poco de footing. Rebeca está durmiendo; al parecer, ano-che tuvieron mucho trabajo. Me hubiera gustado poder ir a ayudarles, pero las cosas son así. Ya no me queda mucho tiempo para poder hacerlo... si Dios quiere. Yo

145

confío en ello y estoy muy animada. Pronto volverá todo a la normalidad.

Andy debería estar conmigo, pero no pudo coger el Bla-BlaCar. En fin, llegará el lunes por la noche y así podrá pasar algo más de tiempo conmigo. Su compañía me da vida, igual que la de Rebeca.

Soy una mujer afortunada por los hijos que tengo, por mi marido y por mis hermanas. La verdad es que este viaje no se me está haciendo pesado, gracias a ellos.

Señor, cómo abrazo tu benevolencia conmigo. Este sentimiento me da alas. Tengo una perspectiva maravillosa: es como cuando te sientas en una roca y miras al mar, y te invade esa sensación de paz. Piensas: "Sí, Señor, todo está en su sitio, todo va bien". Aunque algunos percances nos sobresalten —como la caída de mi hermana Brígida esta semana—, en general, todo está bien.

- **Bétera, 23 de febrero de 2015**

Ya estoy de vuelta en el hospital. Hace un día resplandeciente de sol. Son las 11:15h y tengo que ir con Mari Carmen.

Espero que esta semana se me pase igual de rápida que la anterior. De ánimo me encuentro cada día mejor, con más resistencia para aguantar el tiempo que me quede.

Mi maravillosa hija estuvo todo el domingo conmigo. Su ánimo y compañía me reconfortaron hasta un punto indecible. Estoy enamorada de mi hija. Su ser es exquisito: su risa, su forma de hablar... es magnífica. No puedo pedir más. Me siento completa con mis hijos.

Espero que la carrera por la que están luchando la logren con éxito. Estoy segura de ello.

Sin fecha

Yo, que me leo y releo... Pues sí, tengo razón. Mi fuerza surge de la vida, del privilegio que reciben mis ojos cuando ven un árbol, una viña, la tierra roja que nos rodea en San Antón. Yo, que valoro la calidad de las cosas, de las personas, de las sensaciones que nos rodean.

Sin fecha

Ya estoy en el hospital, esperando a que pase una doctora. Siempre es lo mismo: esperar esto, lo otro... y así se pasan los días. Por eso se me está haciendo tan largo.

En fin, en mi interior tengo que decir que me siento resistente y que todo va a ir bien. Mi maridito del alma ya está aquí, y luego vendrá mi hijo, el gran tesoro de mi vida.

- ### Bétera, 23 de febrero de 2015

Ya se acabó mi estupendo fin de semana. Ha sido genial. Me lo he pasado en grande con mi hija y mi marido.

El primer día fui a hacer footing con Robi. Hicimos 10 km y 20 metros. Soy feliz. Las cosas parecen tomar de nuevo su ritmo. Ahora sí que siento que este camino empieza a llegar a su fin.

147

- **Bétera, 24 de febrero de 2015**

Estoy en el hospital y hace un sol radiante. Ahora voy a dar una vuelta con mi hermana. Acabo de bajar de logopedia y me han dado el alta.

He preguntado si tenía sesión con Mari Carmen, pero no: hoy libro. Antes lloraba los jueves, ahora los martes. En fin, los días pasan, y al parecer voy evolucionando, aunque sea despacio. Estoy contenta. Ya queda poco.

No veo la hora de ir a Cala Grotta, pero sé que será pronto. Lo más importante es que estaré bien, si Dios quiere.

Mañana me llevarán a La Fe para hacerme una radiografía en la cabeza. Espero que los resultados sean buenos.

Por el momento, voy a dejar que pase el día. Se me antoja positivo... ya veremos.

- **Bétera, 25 de febrero de 2015**

Estoy en el hospital. Hoy es un día normal, ni fu ni fa. En fin, bien, pero un poco triste. Está nublado, hace algo de viento y el clima no acompaña.

Esta mañana he tenido que ir a La Fe para hacerme un TAC. Me han dicho que en una semana, más o menos, me darán los resultados. Espero que todo salga bien. Yo me encuentro bien, así que no creo que haya novedades.

Roberto está muy ajetreado con la reforma del restaurante. No creo que pueda venir hoy. Estoy con mi queridísima hermana Emilia.

- **Bétera, 26 de febrero de 2015**

Sigo en el hospital. Acabo de bajar de fisioterapia con Mari Carmen. La verdad es que cuando estoy allí me lo paso bien. Parece que el reloj corre más rápido.

Me ha vuelto a poner las corrientes en la rodilla, cosa que no me gusta, pero dice que así se fortalecen los músculos. Y yo, todo lo que sea progresar, lo acepto.

Hoy ya es 26. En dos días se cumplirán cuatro meses desde que me operaron. El tiempo va pasando, aunque me gustaría que fuera más deprisa. Aun así, no quiero que nada se quede por hacer. Quiero que, cuando llegue el momento, pueda decir que hice todo lo posible.

Estoy ilusionada. De todos modos, estoy segura de que todo irá bien y que este calvario se habrá terminado para todos.

- **San Antonio, 27 de febrero de 2015**

¡Dios mío! Ya vuelvo a estar en mi bendita casa. Qué maravillosa es. El espíritu de esta casa me transmite alegría y amor.

He salido con mi hermana a mirar el cielo, y es alucinante. Hay infinidad de estrellas, y ni una sola parpadea. Está completamente brillante. Aunque el cielo de Cala

Grotta me fascina, el de aquí también me encanta. Además, esta noche no hace nada de frío.

He hablado con Rebeca y me ha contado lo que han hecho en Madrid. Muy bien.

En estos momentos, lo único que quiero es que mis emociones fluyan, sin orden ni concierto, y sin que afecten a nadie. Soy un ser adulto que ha dado un paseo por la vida y necesito mi libertad de expresión, como cualquiera.

Hoy se cumplen cuatro meses desde que me operaron del aneurisma. Al reflexionar, me doy cuenta de lo afortunada y privilegiada que soy. Estoy rodeada de ángeles protectores. La vida hace lo que puede conmigo, porque soy hueso duro de roer, lo sé. Pero también sé que el Señor me protege, y lo siento cerca de mí a través del amor de mi marido, de mis hijos, de mi hermana, y también de Tere y Mari Carmen, con su insistencia y paciencia.

Sin fecha

Hoy me siento especialmente feliz. Me he dado cuenta, en estas pocas horas que han transcurrido del día, de que realmente todo volverá a ser como antes. Y, además, que no soy imprescindible: las personas que me rodean son una joya.

He estado en el porche observando a mi marido realizar mis quehaceres: limpiando el toldo de la piscina y el suelo del patio, lleno de hojas muertas y barro. Me ha dicho: "¿Ves cómo sí estamos en el mismo barco?" Y es verdad.

Todo está en su sitio. Nada de lo que se ha hecho bien se pierde. Todo suma: mi esfuerzo de antaño y el suyo ahora. Por fuerza, nuestros hijos tienen un buen ejemplo de cómo se debe vivir.

La vida es una maravilla que hay que disfrutar en cada momento. Yo también tengo el ejemplo de mi madre, mi suegra y mi hermana, que han superado lo indecible.

- **San Antonio, 1 de marzo de 2015**

En este mismo instante vengo de hacer 13 km y 800 m corriendo con mi marido del alma. Bueno, corriendo él, porque yo iba en la silla.

Hace un día espléndido. Ahora se ha ido a buscar mi comida y la de mi hermana. Hoy ha sido realmente un paseo precioso.

Cuando me paro frente a las hectáreas de viñas y veo esos tronquitos que surgen de la tierra roja y quebrada por la falta de lluvia, pienso que en unos meses esos mismos espacios estarán llenos de gráciles hojas verdes que darán paso a hermosos racimos de uvas. Uvas que nos proporcionarán vino de excelente calidad.

He ahí por qué el ser humano se siente afortunado y poderoso: porque ve que de la nada puede sacar mucho. Es la naturaleza, concertada por Dios, la que nos llena de satisfacciones en esta vida y nos permite sentirnos útiles e importantes.

Yo, Señor, te agradezco todo lo que pones a mi disposición para hacer las cosas bien. Ese es mi único deseo: hacerlo todo como tú lo esperas. Has puesto a mi alcance todo lo necesario: amor, amistad, ánimo, fuerza, alegría y personas maravillosas que me protegen.

- **Bétera, 2 de marzo de 2015**

Ya estoy de vuelta en el hospital. Tengo una rabia que no puedo explicar. Tengo hasta ganas de llorar porque no lo soporto más. Estoy harta de este hospital.

Menos mal que me voy con Mari Carmen. Espero que el día no se haga muy largo.

- **Bétera, 3 de marzo de 2015**

Hoy es martes. Estoy en el hospital. Me ha despertado mi maravilloso marido, que me ha duchado para ir al gimnasio, pero hoy libro. No tengo gimnasio y no veré a Mari Carmen, que es el motor de mi parte izquierda. Es quien más me hace mover. Cuando estoy con ella, el tiempo no cuenta. Me divierto y me hace sentir útil. Me instruye, me motiva, me hace esforzarme por mí misma.

A las 12:00 h iré a musicoterapia, un ratito que pasamos distraídos. Me refiero a todos los enfermos que vamos. Las chicas que se ocupan de esta actividad se llaman Ana e Isabel. Lo hacen muy bien.

Los días van pasando. Hoy están conmigo mi hermana Emilia y mi sobrina Carol. Estoy muy contenta. El día es hermoso: luz, sol.

- **Bétera, 4 de marzo de 2015**

Hace buen día, con sol y buena temperatura. Acabo de bajar de fisio con Mari Carmen.

Hoy el día me parece mediocre, aunque yo me siento bien de ánimo. Realmente mis sentimientos son contradictorios. Hay días que se me hacen eternamente largos, y otros como hoy en los que pienso: "Mira, fíjate, el tiempo pasa sin darme cuenta". Ya han pasado cuatro meses.

El personal del hospital me trata muy bien. La doctora Roca ha subido a verme mientras hacía fisio, y también la doctora Gutiérrez. Mari Carmen es un bombón de persona. Estoy encantada, la verdad.

Hoy todo se me antoja más fácil. No sé por qué, pero así es. Mi hermana sigue pacientemente conmigo, soportándome, respondiendo a todas mis peticiones con una sonrisa y un "te quiero". No tengo ningún derecho a lamentarme.

- **Bétera, 5 de marzo de 2015**

Estoy en el hospital. El día es espléndido. El sol reluce como si no lo hubiera hecho nunca. Un día más que afrontar, pero me siento fuerte y afortunada.

Aquí estoy con mi hermana, mi fiel compañera. Roberto se fue anoche y creo que pasó a ver a Rebeca. Carol también durmió en casa. Ahora Roberto se ha ido porque tenía muchas cosas que hacer. Ayer tuvo un día muy ajetreado y estaba cansado.

Pero me río mucho con él. Nuestra relación es una bendición. Estoy más enamorada de él que al principio. Nunca me hubiera imaginado que nuestro cariño sería como es: sólido, fuerte, inmortal.

Tengo en mi alma un cóctel de emociones del que no logro extraer nada coherente, pero sigo adelante. Saber que mis hijos luchan por lo suyo me satisface. Sé que están labrando un hermoso futuro y que serán felices. Deseo lo mismo para todos mis sobrinos: que les vaya bien en los estudios y en su vida laboral.

- **Bétera, 6 de marzo de 2015**

Estoy en el hospital. A pesar de todo, me ha visitado la doctora Roca, mi doctora, que siempre es muy afable y amable. Te explica las cosas con tranquilidad y contundencia.

Esta tarde me voy a casa. Lo estoy deseando. Llegar a mi hogar... puede que hoy vea a mi queridísimo hijo, que viene de Madrid. No estoy segura, pero creo que sí. El corazón me arde en chispas solo de pensarlo.

Dios mío, amo tanto a mis hijos que me asusto. Es un amor tangible, de los que se pueden tocar. Les deseo tanto bien que no encuentro palabras dignas para expresarlo.

Ahora que tengo tanto tiempo para pensar, hay veces que me acuerdo de cosas de las que me arrepiento profundamente. Recuerdo una vez que Roberto y los niños me acompañaron al aeropuerto para irme a Nicaragua. Andy no quería que me fuera. Roberto intentaba consolarlo y distraerlo para que yo pudiera marcharme y coger el avión. No pasa un día sin que lo recuerde. Me arrepiento de haberle dado ese disgusto.

Nunca más en mi vida volveré a dejar a mis hijos. Mi presencia les pertenece, y tienen derecho sobre ella por encima de todas las cosas. Nunca más os dejaré solos. Nunca más.

- **San Antonio, 8 de marzo de 2015**

Estaba en casa con mi bendito hijo al lado. El día es hermoso, otro regalo para mis ojos y mis ganas de vivir. Un trocito de mi corazón se acaba de marchar a Madrid, pero mi ánimo es sereno.

Mi marido se ha ido a jugar un rato con la moto. Todo lo que me rodea —espacio, amor— me da ganas de seguir adelante.

Anoche fui al cine con mi cachorro Andy a ver una bonita película aquí en San Antonio: La teoría del todo. Me gustó. En algunos tramos me sentí identificada. El actor protagonista hace un papel excepcional. Ha trabajado en películas como El perfume y Los pilares de la Tierra. Sus personajes son complejos, pero él lo hace muy bien. Me la había recomendado mi hija, y acertó.

Esta tarde volveré al hospital para una semana más de rehabilitación. La verdad es que estoy animada y con ganas. Todo se andará. Y llegará el día en que vuelva a mi casa y pueda caminar y hacer cosas como antes.

Siento dolor en el corazón por cómo estoy, condicionando la vida de todos: mi marido, mis hijos, mi hermana. Realmente están llevando este maldito problema conmigo, hacia adelante. Vamos todos en el mismo barco, y me maravillo de cómo lo asumen con amor y disponibilidad.

Estoy escuchando a Silvio Rodríguez, el mejor arquitecto de frases conmovedoras que conozco. Amo la vida, y voy a devolverle todas las cosas buenas que me ha dado: almendros, viñas, calas, amor, alegría, esperanza... Todo lo que me ha regalado, se lo devolveré.

Mi corazón quiere fugarse de esta situación. Mi alma se desnuda, y he tejido un chal de seda con mis temores para no delirar en este enredo de emociones que retiene todos los sentimientos paridos de esta pena.

- **Bétera, 9 de marzo de 2015**

Estoy en el hospital. El día ha sido bueno y soleado, pero mi ánimo ha estado bastante nublado. He echado en falta a mi hermana, que siempre está conmigo... menos hoy.

Pero ha venido Roberto. Llegó a las 8:00 h de la mañana, justo cuando abrí los ojos. Estaba aquí, mi príncipe, porque me guarda y me cuida.

- **Bétera, 10 de marzo de 2015**

Estoy en el hospital. El día es hermoso, pero no están Roberto, ni Emilia, ni Rebi. Hoy hay una chica que se llama Vero conmigo. Me hace compañía y me cuida.

Es un día especialmente triste. La ausencia de mi hermana me afecta mucho. No puedo soportarlo, y parece que nadie lo comprende. Sé que se ha puesto enferma y *tiene problemas, pero yo, como me he vuelto una enferma egoísta, solo pienso en los sentimientos que estoy sufriendo.*

Es verdad que los enfermos nos volvemos egoístas, que llegamos a un punto en el que no discernimos lo que nos conviene de lo que no. Lamento mucho estar así, porque veo que los demás sufren por mí, sobre todo Roberto, que hay veces que no sabe ni para dónde tirar.

Solo deseo lo mejor para mí, hacerme feliz. Sé que me va a costar mucha paciencia terminar con esta situación, pero voy a conseguirlo. Por mis hijos, por mi marido, y por todas las personas que me quieren.

- **Bétera, 11 de marzo de 2015**

Estoy en el hospital, un día más aquí. Estoy con Vero, la chica que me cuida. Pero no está mi hermana Emilia. ¡Cuánto la echo de menos!

Me falta su complicidad, sus atenciones, sus mimos, sus "te quiero". Siempre me decía: "¿Te he dicho alguna vez que te quiero mucho?" Mi maravillosa hermana y su amor me cierran el alma todos los días. La quiero hasta el infinito. Es mi hermana pequeña.

Hoy he echado mucho de menos a mi hijo. Lo recuerdo todo de él: su forma de caminar, su forma de poner los labios carnosos para besarme y decirme que me quiere mucho. Para mí, es mi tierno bebé, y esa ternura me vuelve loca de desesperación por verlo y abrazarlo.

No quiero que le suceda nada malo en Madrid. Quiero que se cruce solo con buenas personas, como él. No quiero que se cruce con nadie de malas intenciones. Dios mío, ayúdame.

Todo pasará, lo sé. Y podré volver a ocuparme de él: hacerle su comida, comprar sus medicamentos si se pone malito… Todo. Él me necesita, y yo lo sé. Y aunque sé que es muy independiente y sabrá desenvolverse, mi corazón no deja de sentir.

- **Bétera, 13 de marzo de 2015**

Supuestamente hoy me voy a casa. Estoy deseando llegar. Es posible que vea a mi hijo, y eso me alegra. La verdad es que estoy un poco mejor de ánimo.

Conmigo está Verónica, la chica que ha contratado Roberto para cuidarme. Es una buena persona, y me trata muy bien.

Tengo muchas ganas de ver a mi hija Rebeca, mi vida, que se está convirtiendo en una mujercita. Son las 11:30 de la mañana. Ya he ido a fisioterapia y me ha ido bien. La doctora Gutiérrez me ha visto caminar con Roberto. No nos ha puesto un diez, pero dice que más o menos vamos bien.

Lo único que no me puedo llevar es el cuádruple para caminar en casa. Me hubiera hecho ilusión poder hacerlo, pero bueno… la semana que viene todo llegará. Poco a poco. No quiero tener prisa. Que todo lleve el ritmo que corresponde.

- **San Antonio, 14 de marzo de 2015**

Estoy en mi bendita casa. Mi marido acaba de traerme de dar un paseo. Estoy en el cielo.

He pasado el día aquí, maravilloso, con mi queridísima hija Rebeca, mi sol, mi amor. Es una futura gran persona. Conmigo es espléndida, me trata como a un bebé. Y mi marido también.

Doy gracias por estos hermosos días que puedo disfrutar. Mañana volveré al hospital y volveré a la monotonía. Menos mal que dentro de esa rutina hay gente como Mari Carmen.

En fin, realmente me siento fuerte para acabar con este problema. Los míos me necesitan, y no pienso fallar. Solo pido que Dios me ayude.

- **San Antonio, 15 de marzo de 2015**

Estoy en casa, en San Antonio. Acabo de dar un paseo con el cuádruple junto a mi marido, para controlar las calas. Ya han brotado de la tierra. No creo que tarden mucho en desenredar sus hojas y volver a formar un bello macizo de calas.

Estoy emocionada. Cada año, cuando las veo, creo estar alucinando. Este jardín mío es mágico, y es como a mí me gusta: sencillo, verde, con alguna flor discreta.

Hoy, de todos modos, es un día especial. Estoy con Roberto y Rebeca, las dos personas que empezaron conmigo esta historia de amor de la que estoy encandilada.

Nicaragua, 1986. Roberto y su amor me abrazaron, y Rebeca fue el fruto de ese maravilloso encuentro.

Y así es ella: una persona que rebosa amor y ternura, inteligencia frágil y fuerte al mismo tiempo. Es muy bella en todos los aspectos que se puedan aplicar a una persona bella.

Me gustan los jardines, y cuando veo brotar una flor siempre me sorprendo. Doy gracias a Dios por regalar a mis ojos su virtud de convertir algo mediocre en algo hermoso, genuino e incomparable.

Pero cuando miro a mi hija y convivo con ella, me abruma todo lo que siento y no puedo explicar. Espero estar pronto en forma para poder mirarla, quererla y darle todo el amor que se merece.

Va a empezar la primavera, y mi espíritu está como las plantas: empezando a empujar esos brotes verdes maravillosos de hojas.

- **San Antonio, 19 de marzo de 2015**

Estoy en casa, caminando con el cuádruple a ratitos. Mi marido me ha dicho: "Vamos a la mesa, así podrás escribirme algo para el Día del Padre."

Sé que hace todo lo posible por hacerme feliz y satisfacerme. Pero cuando una está con el ánimo que tengo yo hoy, es muy difícil acertar. Todo me contraría, todo me parece una agresión, incluso verbal.

Estoy bastante desesperada, porque sé que estoy haciendo daño a mi hija, que no sabe qué hacer cuando me ve llorar. Yo no sé cómo evitarlo. Quisiera hacerlo, pero no lo controlo. Cuando me siento impotente, me desbordo. No quiero ser la causa de su tristeza, pero no puedo evitarlo.

Supongo que todo volverá a tomar su cauce. Por el momento, solo me queda esperar y tener paciencia. Sé que físicamente la mayor responsabilidad la tengo yo, y estoy dispuesta, desde luego. Pero también es verdad que interiormente se desatan batallas difíciles de superar.

Mi marido me exige, pero al mismo tiempo no quiere lastimarme. No quiere ofenderme ni hacerme daño, por supuesto. Y yo estoy siempre entre dos aguas.

Bueno… también hoy pasará, y mañana será otro día.

Una cosa sí que es cierta: por encima de todo, Roberto es el mejor padre que he conocido. No solo porque siempre ha apoyado a sus hijos, sino porque siempre ha esperado a conocer sus perspectivas para comprender lo que deseaban.

- ***San Antonio, 22 de marzo de 2015***

Antes de ayer llegué a casa, a las 7:20 h aproximadamente. Por fin. Y además estoy con mi hijo del alma, lo que me ha invadido de una serenidad increíble. También estoy con Roberto, mi esposo divino, mi queridísimo, mi ángel que me protege por donde quiera que vaya.

Desde que llegué está lloviendo. Es una lluvia tímida, no es el diluvio, pero es persistente. Buena para la tierra. Los jardines gritan "gracias".

Yo realmente no me puedo quejar. Tengo la compañía perfecta y estoy en mi casa, que parece que me acurruca entre sus brazos y los míos.

Sigo echando de menos a mi hermana Emilia, y no sé cómo explicarlo para que los demás lo comprendan. La comodidad de estar con ella creo que es parte de mi evolución. Es verdad: la comodidad de estar atendida por alguien que se anticipa a tus necesidades, que controla cada momento, que sabe qué puede incomodarte.

No es cuestión de cariño o preferencias. A mi marido lo quiero más que a todas las cosas, pero yo veo cómo lo desconcierto, cómo lo hago ir arriba y abajo por mí. Él no tiene límites. Pero yo hablo de necesidades más básicas, que ahora resuelve una chica que hemos contratado, con la cual me llevo muy bien y no tengo nada que reprocharle, pues es muy gentil conmigo. Pero no es mi hermana. Y por más que yo lo quiera, nunca podré tener con ella la relación que tengo con Emilia.

En fin, espero que en algún momento alguien se dé cuenta de la importancia de eso, y podamos estar de nuevo juntas.

Espero que a partir de ahora mi evolución sea más rápida, pues mi ánimo así lo desea y se proyecta. Siento la falta de mi hija, aunque la he estado viendo estos días. Es maravillosa, como hija, como persona, y espero que como profesora también. Estoy segura de ello.

- *Bétera, 25 de marzo de 2015*

Estoy en el hospital, con Verónica. He ido a fisio, y Roberto me ha dicho que vendrá esta tarde. Así que nada, a esperar para sentirlo de nuevo cerca, cariñoso y amoroso como siempre es conmigo.

Dios... no veo la hora de que todo esto termine. Necesito empezar a ser un poco yo misma, hacer cosas, moverme en el mundo que Roberto y yo hemos creado para nuestra familia. Ir a ayudarle en el restaurante, estar en mi casa, mantener mis jardines, el aseo, hacer alguna comidita... En fin, paso a paso. Ya no queda tanto.

La doctora Gutiérrez me dijo que a mediados de abril revisarían mi historia para plantear el alta a finales de mes. Yo confío en que así sea.

Nada, a comerme las horas como corresponde. Poco a poco, todo llegará en su momento.

La verdad es que todo se me hace ya repetitivo: las salas, las voces de los enfermos... Bueno, ahora estoy esperando la comida. La alimentación tampoco es que sea exquisita, pero bueno... no son muy buenos cocineros.

- *Bétera, 26 de marzo de 2015*

Parece que hoy estoy un poco más despejada. Me han quitado la medicación y me siento con la mente más clara.

Estoy con Vero, una chica muy buena. Está atenta a mí e intenta complacerme en lo que puede. Me siento cómoda.

El día es soleado, y van pasando. Estos últimos días no estoy tan agobiada, y los días me pasan un poco más rápido.

Me he vestido. He visto a mi maravilloso marido esta mañana, que me ha subido a fisioterapia con Mari Carmen. Con ella el tiempo pasa sin darme cuenta. Ha estado contenta con el trabajo que he hecho.

Poco a poco, todo mejora. El tiempo que me queda... estoy deseando terminar. Y ya falta poco.

- **Bétera, 27 de marzo de 2015**

Estoy en el hospital, pero me voy a casa después de comer. Vendrá mi hija a buscarme, mi hija del alma, mi bombón, mi queridísima.

Ayer vi los dibujos que han hecho sus alumnos y me encantaron. Son, de verdad, la conclusión de lo que ella argumenta sobre el arte abstracto. Me han impresionado. Son pinturas maravillosas y muy expresivas.

Estoy deseando llegar a casa. Me encanta mi casa. Hace un día espléndido, con sol y calorcito. Puede que mis calas hayan evolucionado bastante. Ya lo veré... y lo contaré, si así es.

- **San Antonio, 29 de marzo de 2015**

Mi hijo, mi hija, mi casa, mi marido... ocupan hoy el espacio que me rodea. Soy feliz hasta lo indecible. Soy como una botella de champán a punto de desbordarse.

Los besos de mis hijos, de los cuales brotan primaveras para manifestar su amor hacia mí... Cuando Andy o Rebeca me besan, mi alma se llena de burbujas y aire. Mi cuerpo sufre una metamorfosis. Todo en mí parece emprender otro camino.

Mi voluntad es la de ponerme bien y devolverles todo el amor y paciencia que están depositando en mí los tres. No creo que haya en el mundo un ser más completo y pleno que yo.

Mis intenciones tienen seis manos, seis piernas, tres corazones, tres cabezas. Mi linaje comulga con toda yo. Soy feliz, y seguiré haciendo feliz a quien escoja vivir a mi alrededor. Esa es mi causa, y ese es mi movimiento.

Los brotes de las hojas de los viñedos son tensos y perezosos, pero cuando ese rojizo color empieza a tornarse verde y culmina su desarrollo... es espléndido. La naturaleza es un regalo divino.

Mi marido goza y se divierte aprovechando estos momentos primaverales. Han sido días espléndidos. Se podría decir que prácticamente hemos atravesado las puertas de la primavera al verano. Espero que se haya divertido.

- **Bétera, 30 de marzo de 2015**

Estoy de vuelta en el hospital, por otra semana. Vamos a ver cómo se me da.

Rebeca, Andrés... el néctar de nuestra vida mana de mi corazón. El corazón se desborda y desliza hasta alcanzar mis manos, y se resbala entre mis dedos, esperando y esperando la imagen que de mí misma tengo.

El amor que burbujea en mis venas quiere estallar y fraguar en un beso todos nuestros sentimientos.

Os quiero mucho, hijos. Hasta el infinito. Igual que a papá.

- **Bétera, 7 de abril de 2015**

Estoy de nuevo en el hospital tras un fantástico y largo fin de semana en casa. Me lo he pasado estupendamente: he ido al cine, he caminado un montón, y además he disfrutado de mis hijos, mi marido y mi hermana, que vino con nosotros. Estupendo. No puedo, en absoluto, lamentarme. Tengo las pilas puestas.

Ahora he bajado del gimnasio, y a por otra semana. El tiempo pasa, y ya veo más cercano el final. Hoy estoy con mi hermanita querida. Soy feliz y me siento en paz.

Como dicen los ancianos: "Todo llega a su sitio." Así que supongo que yo también.

Rebeca se fue el viernes pasado a Londres, a casa de una amiga. Espero que se lo pase bien y practique mucho inglés. Andy ha vuelto a Madrid. En fin, la rutina de siempre.

Rebeca debe comenzar pronto el doctorado y terminar el máster. Andy debe terminar la carrera que ha empezado. Espero que ambos tengan mucho éxito en sus propósitos. Eso sí que es seguro: su padre y yo los apoyaremos en todo lo que esté en nuestra mano. Tanto Roberto como yo tenemos mucha ilusión puesta en ellos y confiamos muchísimo en sus posibilidades. Son grandes, trabajadores, obedientes y respetuosos. Estamos muy orgullosos de ellos. Son nuestro mayor tesoro.

- **San Antonio, 11 de abril de 2015**

Estoy en casa con mi enamorado marido y mi dulce hija. Hoy flota en mi cabeza una idea que corteja mi voluntad: animarme, ver la vida y las cosas que me rodean con buenos ojos y ánimo optimista.

Me cuesta, pero desde luego no voy a ignorar las cosas positivas que surgen de mí misma. Necesito tirar para adelante, y eso está claro.

- **San Antonio, 13 de abril de 2015**

No tengo ganas de escribir. Estoy en casa y estoy feliz, pero mi ánimo es bajo. No tengo ganas de hacer nada, solo de estar en reposo.

Rebeca se ha ido.

Espero que el tiempo pase más rápido.

- **Bétera, 20 de abril de 2015**

Hace muchos días que no escribo. En el fondo, no sé por qué. La única respuesta que se me ocurre es que estoy perezosa y no me apetece escribir.

Estoy andando todo lo que puedo, como me recomienda Mari Carmen, mi fisioterapeuta. Estoy muy contenta con mi evolución. Si bien es verdad que va un poco lenta, es una evolución segura, y eso es lo que me interesa.

Según me han dicho los doctores, me darán el alta el día 30 de abril. Así que ya casi toco la despedida de este hospital. Aunque he estado bien, prefiero estar en mi casa. Desde allí seguiré mi rehabilitación en el Hospital de Requena. Espero sentirme igual de a gusto que aquí. Ya sé que no voy a encontrar a mi Mari Carmen ni a Tere, pero confío en encontrar buenas personas. No me cabe ni la menor duda.

Ahora, cuando vuelva, iré a caminar un poco. Así también me distraeré.

- **Cala Grotta, 21 de septiembre de 2020**

Queridísima hija:

¡Por fin puedo escribirte! Desde esta bella terraza que endulza mis días.

Aquí estoy de maravilla, feliz, sosegada y agradecida de formar parte de este mundo: Sant'Antioco, Carbonia, mi suegra, mis cuñadas y cuñados, la infancia de tu padre…

La visión en este momento es un mar salpicado de barquitos, olas que se estrellan contra las rocas y emiten la música con la cual duermo por las noches.

Te echo de menos, corazón mío, pero debo confesar que la compañía de tu padre sacia todo lo que echo de menos. Su comportamiento es impecable: me mima, está disponible… en fin, estupendo.

Si me preguntas qué he hecho de nuevo estos días, te responderé: "He estado bien, muy bien."

- **San Antonio, 21 de junio de 2024**

¿Dónde vivo? En una aldea al lado de Requena que se llama San Antonio. Tiene unos 3.000 habitantes. Es un lugar maravilloso, rodeado de viñas. Aquí pululan día y noche las golondrinas con su canto y chillidos, lo cual te hace pensar que siempre estás en compañía.

La temperatura es mayoritariamente fresca y en invierno, fría. Yo me siento muy a gusto. La gente, sin embargo, es más bien agria; es un sitio pequeño y quien viene de fuera suscita muchas preguntas y desconfianza. Me ha costado mucho adaptarme con mis hijos. Veinticuatro años es mucho tiempo, pero muchas veces siento que llegué ayer.

Podría vivir en Italia, Francia o Nicaragua, pero al final vinimos a parar aquí. Lo que hemos hecho y concluido aquí no lo hubiéramos podido lograr en otra parte, sobre todo económicamente. Y pues nada, aquí estamos, lejos de todas nuestras personas queridas.

La vida realmente te lleva por caminos extraños. No me puedo lamentar. Al contrario, después de todo, estamos en un sitio realmente tranquilo. Creo que ni siquiera lo hubiera soñado.

Está bien. Ya he bailado al ritmo que muchos me han hecho bailar.

Mi vida: un collage interminable, una ilusión detrás de otra, casi siempre insatisfecha. Mi madre ya no está, mi padre tampoco. Que Dios los tenga en su gloria.

Andy se enreda entre mis brazos y yo me alboroto de felicidad. Lo amo. Lo amo más que a mis venas. Amo su paciencia, su perseverancia, su amor.

No sé cuántas madres se sienten igual de amadas como yo. Nado entre ecos de bondad. Mi hijo es todo para mí.

Ahora sé que mi tiempo ha terminado.

Casi once años existiendo a medias. Necesito reubicarme. He tenido dos hijos maravillosos. Ellos han sido mi recompensa por vivir. Tengo una hija profesora y un hijo diseñador de moda.

La tristeza me invade porque sé que pronto los dejaré en este mundo, a ellos y a mi compañero de viaje, mi maravilloso Roberto. Tantas han sido nuestras experiencias juntos…

- ***San Antonio, 26 de septiembre de 2024***

La senilidad me acecha, lo sé. Quién sabe dónde, cuándo y cómo, pero la presiento. Tengo arrebatos de rabietas, no me amoldo a los consejos que me dan. Siento una necesidad contestataria. En fin, no tengo ganas de satisfacer a nadie más que a mí misma.

Sin fecha

*Recuerdo cuando los días me resultaban cortos y no lo-
graba realizar todas las cosas que me había propuesto
por la mañana. Es injusto: pierdo la noción del tiempo.*

*Menos mal que me nutro de recuerdos, y ellos me hacen
feliz, más que cualquier cosa que me rodea... a excepción
de mi hija. Ella es el vínculo con muchos de mis recuerdos.*

- **San Antonio, 26 de septiembre de 2024**

*El blues en mis oídos, en mi cabeza y en mi ser: es como
el flamenco. Cuando los disfruto, me arrastran a ondu-
lados momentos de concentración.*

*Roberto no está, pero está haciendo una gran labor. Se
encuentra en Cerdeña, ayudando a su cuñado Beppe.*

*Yo estoy aquí, con la fiel presencia de mi hijo, Andy, que
deshoja mis días con entusiasmo y esperanza. Su presencia es un ancla que me sujeta a la vida. Nuestra vida ha
sido un lienzo de emociones bruscas e inesperadas... y
todo propósito se escurre por el agujero del olvido.*

- **San Antonio, 25 de diciembre de 2024**

*Espero que todos los seres que amo en esta vida sean fe-
lices en este día. A estas horas, el Niño Jesús tenía apenas unas horas de vida. Bendito sea.*

Yo, por el contrario, estoy triste. Me siento rara, vacía. Necesito que mi amor por mis hijos sea tangible, pero todo me resulta extraño. Mis recuerdos atraviesan mi mente sin detenerme en ellos. Estoy pasando por una etapa compleja y difícil. Es como si una nube de bruma se acercara a mí y, al tocarme, se desvaneciera. Como si nada fuera lo que parece.

¿He existido? Hay cosas que me dicen que sí, y otras que no. Que he pasado por esta vida mediocremente. Me hubiera gustado dejar alguna huella. Me he conformado con lo que sucedía. Lo he disfrutado, unas veces más, otras menos.

Volveremos todos a vernos. No llego a creerme las cosas maravillosas que he vivido: mis padres, mis hermanos, mis tíos y tías, mis abuelitas... No puedo desligarme de tanto amor que ha acunado toda mi vida. Mi compañero, que tantas veces ha hecho que nuestro amor fuera tangible. Y cientos de personas que se han cruzado en mi vida compartiendo complicidades, dolor, tristeza, sueños...

Hoy puedo decir con la boca llena: gracias a la vida y al amanecer de mi alma cada mañana. Gracias, Señor, por esta maravillosa vida que me has permitido vivir. Porque no estoy limpia de pecados, y porque la tentación ha sido siempre mi punto flaco. Me arrepiento de todo el dolor que haya podido causar, a cualquier persona o a mí misma. De todas las penas que pudiera haber provocado, voluntaria o involuntariamente. Sé que Dios sabe que lo único que ha empujado mi voluntad ha sido hacer feliz a los demás.

- **San Antonio, 5 de febrero de 2015**

Hoy hace un sol resplandeciente. Parece que me está anunciando que mañana, a estas horas, estaré en mi casa.

Hoy tengo el ánimo algo mejor. Siento una chispita de alegría revoloteando en mis venas. Debe de ser la alegría que me proporcionó ayer mi hija Rebeca, mi amor de hija. Estoy enamorada de ella. Su compañía me exalta, me conforta, me da paz. Sus mimos, sus palabras, su forma de ser y de estar... me encanta.

Me siento realmente privilegiada por tener una hija así. Hoy será ella quien me lleve a casa.

Como todos los días, disfruto de la compañía de mi hermana Emilia, que está llevando a pulso conmigo este infierno. Pero al menos con ella hablo, me río, y le quitamos importancia a todos los pequeños inconvenientes que surgen a diario.

Tengo ganas de que esto acabe, y lo voy a conseguir. Palpo el final del camino. Me siento cerca de la conclusión de esta historia.

Quiero que mi marido sea feliz, y que me sienta cerca, ayudándolo a compartir, como siempre, nuestras responsabilidades.

Sé que mis hijos tendrán éxito en sus estudios, y que recorrerán un camino agradable en esta vida. Son muy buenos chicos, y eso es lo que les corresponde.

- **Roberto y Begoña**

No creo que nadie que nos haya conocido pudiera ima-
ginarnos separados, pues siempre hemos sido uno.

Siempre hemos estado juntos para todo: cada problema
a superar, cada lucha, nuestros hijos, cada reto en nuestras vidas nos ha unido y motivado más.

Nuestro vínculo va más allá del compromiso de un ma-
trimonio. Nuestros vínculos son la fuente de fuerza y
amor que nos mantiene unidos.

- **Un paseo por tu mirada**

La semana que viene te voy a llevar a un sitio alucinante.
Es maravilloso, me dijiste: un lugar con campos llenos
de almendros en flor. Tu gesto fue una reverencia a una
promesa que me hiciste.

No sé si lo que tus ojos han apreciado es lo mismo que lo
que han visto los míos. Pero no solo mis ojos: mi corazón
y mi alma han sido literalmente sacudidos. "Te conozco", me decían los olivos. "Te conozco antes de que
fueras siquiera un glóbulo de sangre, antes de que fueras
un pensamiento, una ilusión, mi madre. Te conozco desde
que tu abuelo atravesaba Sierra Morena por las noches
para cortejar a tu abuela."

He sentido el nexo que unió la fuerza de tu vida. Esta
mañana, al pasar, miraba vuestros retorcidos troncos es-
cupir hojas aterciopeladas, verdes azulón. Vuestra magia me ha hecho volar. No sé si mi marido se ha

percatado de cómo mis pulmones se llenaban de gozo y templanza.

Miraba los almendros ostentando nubes de pétalos rosa y blanco, salpicados sobre el cielo azul como en un lienzo, imitando al compasivo apoyo del cielo que nos consuela cuando todo parece oscuro.

Y esas viñas, cómplices, con sus regordetes troncos que yerguen sus sarmientos para enredarlos con los hilos de aluminio, recibirán sus hojas la vitalidad del sol en verano. Aunque ahora parezcan medio vivas, están vivas. Su aspecto nos hace dudar, pero nos darán hojas, uvas y vino.

Roberto, este pequeño paseo me ha parecido magnífico. Me ha gustado mucho y espero que a ti también. Te quiero, amado mío. Y espero que algún día algún nieto mío escuche mi canción desde aquí, desde San Antonio de Requena, donde Roberto y Begoña acarician sus cortejos de antaño, Nicaragua, y surgieron viñedos como Andrés y Rebeca.

Hasta el infinito, a mi familia: por siempre, mi amor y reconocimiento.

Los cinco dibujos que se presentan a continuación fueron creados por Begoña a finales de marzo de 2025, en un momento especialmente significativo de su vida, justo antes de partir.

Tras sufrir el accidente cerebrovascular, sus manos —aunque limitadas por el cuerpo— se convirtieron en instrumentos de una nueva forma de expresión. Esta serie, compuesta por cinco ojos que observan diferentes escenarios, de estilo un tanto naïf, es el último conjunto de obras por el que sus ideas nos hacen navegar y descubrir una visión llena de creatividad.

Begoña descubrió en el arte una vía de comunicación poderosa, íntima y transformadora. Su estilo, único y visceral, no responde a escuelas ni tendencias. Es el resultado de una búsqueda profunda, de una necesidad de decir sin palabras, de una voluntad de seguir creando incluso desde la mayor fragilidad.

En esta década, Begoña creó centenares de obras. Pero esta serie, por su simbolismo, por su momento, por su mirada, representa una despedida luminosa de sus últimos días. Una forma de seguir diciendo, de seguir sintiendo, de seguir estando.

Estos cinco ojos no solo observan: nos invitan a mirar. A mirar con el alma. A mirar como lo hacía ella.

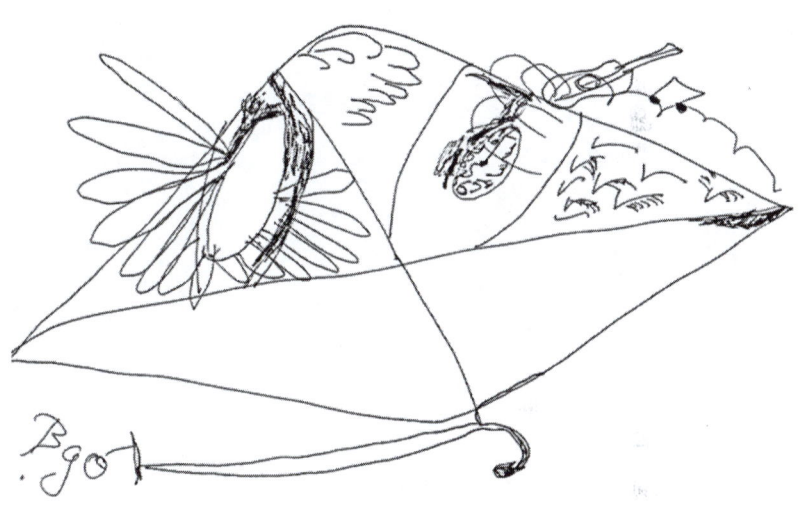

Sin título. Begoña, 17 de marzo de 2025, San Antonio.

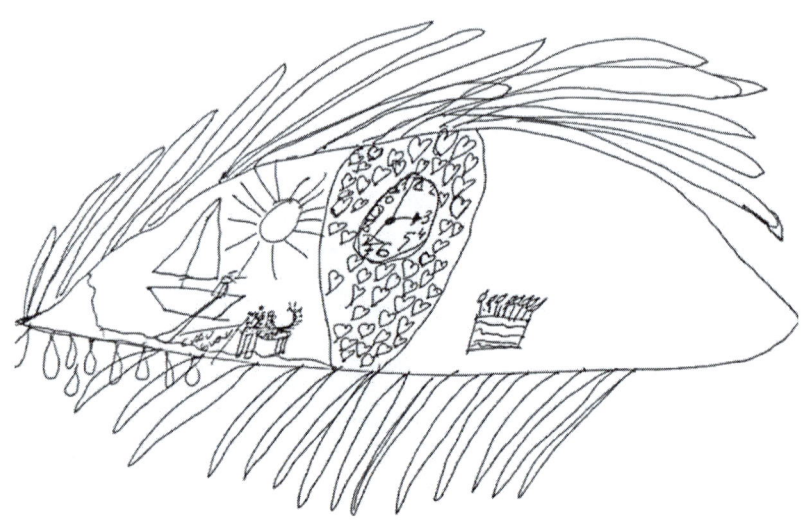

Sin título. Begoña, 18 de marzo de 2025, San Antonio.

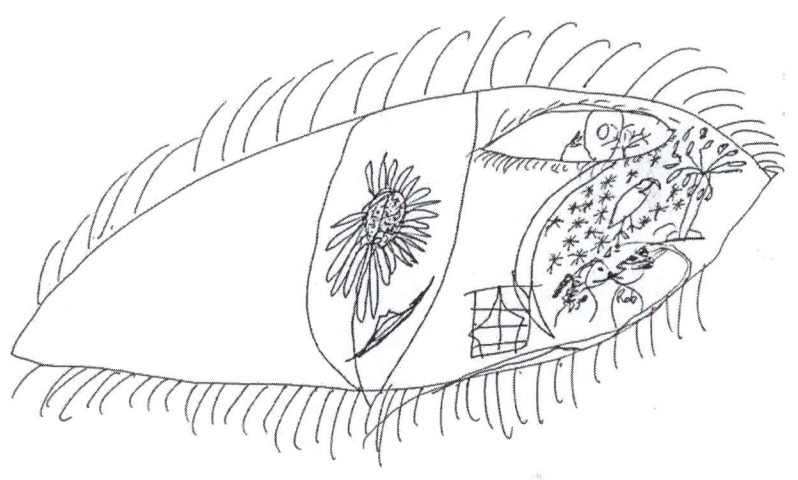

Sin título. Begoña, 19 de marzo de 2025, San Antonio.

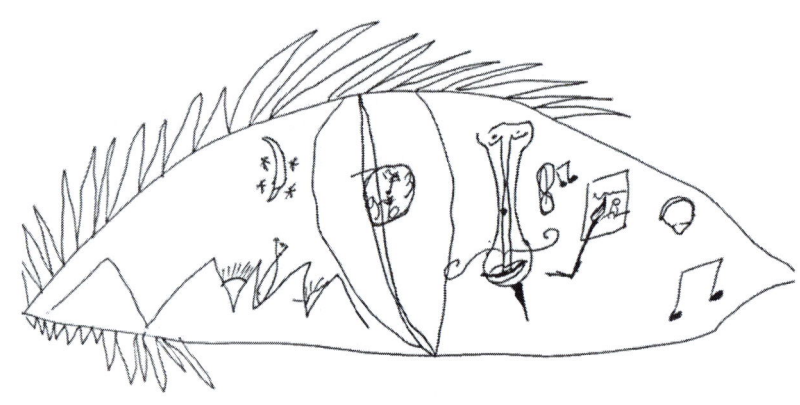

Sin título. Begoña, 19 de marzo de 2025, San Antonio.

Sin título. Begoña, 20 de marzo de 2025, San Antonio.

Susurros

Las palabras de Begoña no se limitan a describir: respiran, laten, se deshacen y se reconstruyen en cada verso. Esta colección de poemas es un recorrido íntimo por los paisajes del alma, donde el amor, la maternidad, la amistad, la pérdida, el tiempo y la memoria se entrelazan como raíces profundas que sostienen la vida. Cada poema es una confesión, una caricia, una pregunta sin respuesta que no busca ser resuelta, sino compartida.

Aquí no hay artificios ni máscaras. Hay carne, hay espíritu, hay verdad. Desde la ternura hacia sus hijos hasta las reflexiones sobre el paso del tiempo, el dolor de la ausencia, y la belleza de lo cotidiano, Begoña nos invita a mirar con ojos desnudos. Nos habla de lo que se siente al volver a casa, al recordar a una amiga, al abrazar la contradicción de amar y ser juzgada, al sostenerse en la tenacidad cuando todo parece desvanecerse.

Sus imágenes son poderosas y delicadas: el hinojo que refresca, la granada que se desgarra al sol, el humo que acaricia y devora, el mar que aja las rocas. En cada metáfora hay una vida vivida, una emoción que no se esconde. Y en cada dedicatoria, un vínculo que trasciende el papel.

Los poemas que conforman este epílogo abarcan casi tres décadas de escritura, desde 1997 hasta 2025. Aunque algunos nacieron en años lejanos, la mayoría han sido recogidos en los últimos años. Son versos que han madurado con ella, que han crecido al ritmo de sus vivencias, y que hoy se presentan como testimonio de una sensibilidad que no ha hecho más que afinarse con el tiempo.

Este epílogo titulado "Susurros" no es un cierre, sino una pausa. Un suspiro antes de continuar. Porque las palabras de Begoña no terminan: se quedan flotando, como un mensaje al viento, esperando llegar al corazón de quien las lea, cual golondrina alza los cielos.

Maternidad

La maternidad es una flor que despliega todos sus pétalos
y muestra la belleza de la vida.

La gloria de la paz después del sufrimiento;
la recompensa, el fruto, el amor inexplicable que nos atraviesa el corazón
y todos los sentidos.

Amor sin fronteras, amor que habita en cada una de tus
células.

Maternidad
es mi madre
replicando siete veces
el mismo grito de vida.

Siete veces.

Agustina

Siempre fui loca enamorada de tu nombre.

Abuelita, te llevas mi abrazo,

me lo arrebatas

para eternamente vivir

en el deseo de ser digna de tus esfuerzos recorridos,

de tus sacrificios.

Tu fe y autenticidad le dieron carácter

y ejemplo a una niña tímida.

Tu inmensurable belleza de mujer

me dio la luz que condujo mi ser en momentos desviados.

Que en la memoria no se desvanezca el sello que nos unió.

¡Dios, que la mano de tu ejemplo y amor nunca me abandonen!

Eternamente,

te quiero.

Somos tú y yo

Hasta el fin de los confines,

nuestra sangre estará cruzada,

enlazada por sentimientos no dichos,

no expresados, porque solo existen en nosotros.

No somos una madre e hijo normales.

Nuestra sangre es una danza de llamas

que abstraen la visión y los sentidos.

Todo se mezcla,

y todo se pone en su sitio.

No somos almas gemelas;

somos tú y yo.

De Caniére a todos nuestros amigos
y a Lucien

Por un año nuevo lleno de buenas y óptimas perspectivas.

Con todo nuestro cariño y mejores deseos:

Para 1998

Que el sol extienda su alfombra dorada
tras las pestañas de cada sueño.

Que nuestro hogar se embriague
de la bondad de nuestras manos.

Que nuestras almas fluyan y florezcan en el espacio,
y siempre, en amor, alegría y paz.

Que nuestra causa sea un bálsamo en el espíritu,
y nos invite a acariciar la vida.

Que se abstenga el descontento
que se afila para clavar nuestra esperanza.

Anhelos reproductores de extrañas ansias:
sea vuestro verdugo un chaparrón de risas,
y que nuestra bondad albergue justicia, verdad y bien.

Que nuestro veredicto preñe
nuestra expresión de libertad y altruismo.

Que la opresión no mendigue cenizas
para construir sus vanidades.

Que nuestro valor sea útil,
y sea reponer la vida tantas veces
como se ponen la noche y el día.

Que la verdadera definición del bien
sea nuestro próximo desafío.

Que la autocompasión sea sometida
al mayor nivel del amor.

Que el egoísmo cicatrice.
Que el rastro de nuestra presencia
no difunda dudas, ni temores, ni laberintos.

Que nuestra sed se inunde de paz.

Que nuestro camino privilegie 1998
y extraiga la esencia de nuestras voluntades.

Que nuestra dicha burbujee entre nuestras diferencias,
como libélulas en la noche.

Y que todo se reduzca a un paso más
en nuestra misión, nuestro deber, nuestra convivencia,
nuestra inmensurable amistad.

El cardo

Hágase el cardo un ala;
que la vida
no sea tangible.

A aquellos que un día construyeron el pedestal de mi motivación

¡Dejad!

que mis determinaciones se gesten,

que mi conducta fluya desde las entrañas,

que mi corazón, mi espíritu, se inclinen ante mi voluntad.

¡Dejad!

que todas las heridas imperen mi inteligencia,

sean eslabones los moldes de este dolor para servir,

para evitar y conducir hacia la libertad

a aquellos que, sumidos en la arrogancia, enredan nuestros lazos.

¡Dejad!

que por encima de nuestro amor fraterno

nos oriente la ceguera de aquellos a quienes seducimos

y reanimamos a vivir;

que ninguna ficción nos distraiga: ni material, ni subjetiva.

Que nuestra fe cultive nuestra paciencia

y la tolerancia en el amor de aquellos que hemos decepcionado.

¡Dejad!

que renuncie a la indiferencia,

y tras la memoria rebroten las lágrimas de aquellos

que en silencio conocieron este calvario.

¡Dejad!

que esas lágrimas escuchen el horizonte del hijo,

y en la reminiscencia se engendren como sabiduría;

que la inercia no sea tan solo un gesto,

sino la energía constituida por nuestro verdadero altruismo y esfuerzo.

¡Dejad!

que la revolución desemboque en mis canales vitales

y enfrente mi verdadero enemigo, que soy yo;

y que funda los cimientos de mi éxito en vuestro corazón,

pues sin ello, nada de lo que practico,

nada de lo que digo, será cierto.

No abandonemos a aquellos que aún son esclavos de la pasión,

pues ella es cobijo.

Sombras

No hay sombras sin resplandor.
En esta vida no hay uno sin su contrario.

Las instintivas sombras que nos causan
efectos visuales engañosos.
Sombras silenciosas, sombras que gritan,
que oscilan en su posición.

Yo he visto muchas sombras:
un ratoncillo que pasa,
fugándose de algo que le amenaza o asusta;
he visto un gato entre las hojas de una higuera.

Una higuera que había saciado a mi madre de caprichos:
higos que se escapaba a robar
en el terreno del vecino.
Bendita higuera,
que la hacía feliz de vez en cuando.

Higos de la felicidad,
que me robaron el placer
de hacer feliz a la persona
que más he amado en mi vida.

Así pues,
el sol era el resplandor,
y yo misma, la vida de mi madre.

El junco se inclina
cuando el viento baila sobre los océanos y los campos,
pero no se rompe,
y se mantiene erguido.

Su propósito, presencia y protección,
todo cuanto tú entregas a tu familia —
que somos nosotros, mi amor —
no tiene nombre.

Es un arrebato de besos y abrazos
que quieren recompensarte.

Llorar

Llorar es como quebrar el alma en mil pedazos.

Sale humeante el dolor

al que te aferras para aliviarte.

Explota como una vasija de barro

inflamada de fuego.

Escuece, pero alivia.

Filtra las ideas

y los pensamientos.

Volver,
no retroceder.

Palabras

La palabra es el hilo conductor que nos une.
Nos abraza y nos da consuelo cuando estamos perdidos.

Puede ser un rugido o un grito;
todo alivia cuando es necesario un susurro, un llanto.

Es la expresión que sale de las entrañas.
Es el socorro de un vagabundo que no tiene hogar.

Tenemos el corazón levantado, erguido.
Solo hay que pronunciar las palabras justas,
y comprenderemos:

—Dios, ven a mí,
a mi solicitud, a mi angustia, a mi sed de perdón,
a mi grito desesperado de querer estar limpia.
Limpia de maldad, de esquivos.

Deseo ser una buena persona,
pero no todas las cosas salieron como hubiera deseado.

Las raíces empujan la tierra
hasta que se agrieta y surge una nueva planta.

Me pregunto en qué nivel de mi camino estoy.
El cansancio me nubla la razón y la lógica.
No veo la luz al final del camino.

Sé que no falta mucho,
pero estoy muy, muy cansada,
tanto que no sé cómo explicarlo.

Entre anhelos y pinturas

Cabalgando en las venas de un sueño
me encuentro.

En Nicaragua hice lágrimas de hielo,
pecho abierto
y fortaleza para el sufrimiento.

Alegrías enredadas con anhelos.
Madurez de pitahayas
y pinturas de un joven loco.

Querido Lucien

Quisiera que en tu cofre de regalo
encontraras el collar de nuestros corazones.
Quisiera ofrecerte un guiño
para exaltar el mundo en su descarriado corazón.
Quisiera hacer del amor y la inteligencia
un lazo para envolverlo todo.

Pero el único regalo que en verdad puedo ofrecerte
es mi fe.
Mi ser solo puede premiarte con mi existencia,
pues tú la conquistaste recogiendo escombros
de un castillo sin cimientos.

Y es duro admitir…
pero no hemos venido a cosechar los frutos de tu sudor y
sacrificios.
Hemos venido decididos a sembrar junto a ti
la simiente que tu valor ha puesto en nuestras manos.

En la puerta del horizonte que debemos diseñar,

somos conscientes de nuestros hijos.

Aprender, enseñar, dar ejemplo de cómo se pronuncia "libertad".

El poder y el potencial son oro oculto en su mina.

Sabemos que no podemos claudicar,

que el niño explore todos sus recursos

para descubrir su alma, su corazón, su inteligencia,

y que esa sea la más digna herencia.

Que se multiplique el resplandor de tu ejemplo,

y sean expertos en sembrar vida y amor.

Que nuestros errores sucumban a sus pasos, despacio.

Que no haya especulaciones en nuestra humanidad.

Que nuestro camino se invada de honor.

Que la renuncia se aleje,

y nada desvíe nuestra noble búsqueda.

Mil veces pariría

para que nuestro paso se reprodujera.

Quisiera

que audazmente nos sintiéramos en este palco,

al precio que hemos elegido.

Que el cauce de la vida no se construya con ningún engaño,

y que sus perpetuos 27 años doten nuestra razón de sabiduría.

Que el universo firme en la historia tu nombre,

nuestra obra,

nuestra vocación.

Feliz cumpleaños.

Madre

Madre omnipresente
estás siempre aquí, conmigo, en mi corazón.
Nunca te separarás de mí;
te llevo impregnada en todo mi ser.

Amor por siempre.

Mamá, no te olvido

Me gustaría susurrarle al viento un mensaje,
y que lo llevara a tu corazón;
que te hiciera chispear como agua de lluvia,
burbujear como una copa de champagne.

Tesoro del azul de los azules,
bondad de las bondades,
estrella de mi alma.

Imagino que cojo tu mano
y te llevo al cielo,
pues de mí hay tú,
y de ti hay yo.

… Hasta el fin de los tiempos estaré contigo

Hasta que el cocodrilo tenga pico
y las alcachofas tengan alas.
Hasta que los muertos resuciten.
Hasta siempre,
siempre estaré contigo.

El alma no tiene escalofríos,
no tiene paladar, ni olfato.
No tiene ni frío ni calor.

Tú y yo vagaremos,
encontrados y perdidos en el limbo,
soñando una nueva vida.

La tierra no tiene fronteras;
su nexo nos atrapa como una red
en la que viajamos todos.

Contigo,
hasta siempre,
o hasta nunca.

Para Lucien

Desde la transparencia de tus manos,
Chile Verde se extiende al infinito.

El azul embriaga los contrastes,
rojo, amarillo, turquesa
se adueñan de la belleza,
acontecen, cortejan nuestros ojos,
galopan en nuestras venas.

Un mundo clásico queda atrás,
desafiando con respeto
una nueva etapa.

Arte que trenza la mano del niño,
la búsqueda del joven,
fundidas en la elegancia de la sabiduría.

El amor seduce:
vidrio, metal, mármol y hierro
se visten en mosaico
para abrir otra puerta a la vida.

Una cúpula en Chile
será nuestra vitrina.

He aquí nuestra impresión,
y nuestro cariño.

Gracias.
Un beso del equipo.

Andalucía

Hierro y fuego,
lamentos, alegrías.

Sol, olivos, olivares;
recuerdos.

Rosas morenas de piel
y almas blancas.

El alma que hizo que te amara
fue mi abuela,
mi madre
y sus hermanas.

Yo me inclino en una reverencia
cuando te veo o te escucho;
cuando te siento.

Galicia

Se abre un mar de nubes,
y una paleta de verdes reverencia nuestra llegada.

Un viaducto nos permite apreciar un gran valle.
El cielo, encapotado cual edredón, nos cubre;
en efecto, no hace frío.

Las nubes escupen unas gotas de agua.
Un travieso rayo de sol se hace hueco entre ellas,
y mi mirada se balancea a derecha e izquierda:
eucaliptos, pinos, hortensias, tierra fértil.

Cargaré con el descanso,

bajando en el esfuerzo,

Amaré el odio.

Para Rebi

Estoy esperando a que vengas,

y mis rosas y calas puedan presumir ante ti

de su belleza, su vigor,

su perfume, el verde de sus hojas,

mi amor…

Impresión de sensaciones tras el tratamiento del Dr. Zurru Fernández, mi hijo

Vuelo, salto, voy, vengo,

en un desenfrenado abismo de sensaciones maravillosas.

El amor lo funde todo en alegría, gozo, felicidad.

De puntillas atravesamos lo imposible, lo improbable.

Tú eres mi viaje,

mi vuelta a la vida.

Mi retorno a la inspiración,

a volver a apreciar las cosas bonitas que Dios nos ha regalado.

Tú sí que eres hijo

a imagen y semejanza de nuestro Señor.

Y yo,

me retuerzo como un olivo en un gesto de vergüenza.

Soy un fraude,
una aspiración a ser persona, a ser válida.

Por suerte,
tus palabras, tus ánimos y tu amor
me abren los ojos
y me realzan cada vez.

Sin cansancio,
con paciencia y tesón.

Nunca hubiera imaginado
tener un hijo tan maravilloso como tú.

Gracias, mi vida,
mi amor, mi cómplice.

Laberintos de agua y fuego

El río de tus ojos
me arrastra hacia el mar inmenso,
sin márgenes, sin dirección.

Recovecos en los
que dudo hacia dónde voy.

Sangre, fuego,
todo me envuelve,
y gozo
como en laberintos misteriosos.

Soy, no siendo

Recuerdo.

Viajo en el tiempo

para estar eternamente presente.

Escalaré las nubes

para verte.

Anclas en la tormenta

Melodías de ausencia invaden mis oídos,
será porque te echo tanto de menos.

El crujir de la garganta
apela a tu presencia.

Amor, que creas huecos en mi corazón,
son huecos de abismo
por el que me escurro,
bailando sin agarre.

Solo Andy es mi ancla,
quien socorre mi desesperación
y mi ansia por volverte a ver.

Roberto, ingenuo, amado.
Todos estos días no trascenderán;
sin ti, nada tiene consecuencias.

De mis lágrimas fluirá la lucha

Tú,

mi dulce hombro.

Ro,

el que serena mis preocupaciones,

recoge mis lágrimas,

el que siempre me da apoyo.

Tú,

mi motor,

mi pulso.

El que nunca deja vacía mi cabezada,

el que labra mis alegrías y mis esperanzas.

De mis lágrimas

fluirá la lucha

y el amor.

El fuego se ha asimilado siempre con el infierno,
pero el 29 de octubre de 2024,
otro infierno nos sorprendió con un diluvio.

Las raíces de la tierra estremecida
iban a azotarnos sin previo aviso.

Desbordando sus ríos,
la lluvia anegó campos y caminos,
desplazó a su antojo coches, muebles, casas enteras, personas.

El agua se abrió camino
donde antaño fue su seno.

Truenos, relámpagos,
una gigantesca sombra cubrió el cielo.

Cómplices, tierra y cielo
devastaron todo lo que se interponía en su paso.

Despistadas vidas se fueron con el agua,

corazones sorprendidos por su crueldad

han quedado flotando en lágrimas de incomprensión.

Nunca un infierno nos poseyó de tal manera.

Familias enteras, destrozadas, divididas.

¿Fue el cielo?

¿Fue la tierra quien nos quiso despertar?

Para Montse

Un grupito de estrellas
se reunieron esta tarde-noche,
llegaron de puntillas
para no despertar advertencias.

Dios era el anfitrión.

Sus corazones, cántaros vacíos,
dispuestos a recibir
todo amor oportunista que se cruzara.

Agne, con su color de sol maravilloso.
Monsín, danzando en su pulular estado feliz, plena.
Yolanda, sosiega almohada de paz.
Noemí, tu luz relucirá en mí toda la vida.

La lectura nos abrió el umbral,

y poco a poco nos desnudamos

para que nuestros corazones se abrazaran

en un encuentro de amor y regocijo.

El Señor estaba con nosotras,

y yo flotaba de felicidad.

Gracias.

Os quiero y amo,

sois preciosas joyas para el Señor.

Dolor

Hacía tiempo que no notaba tu presencia,

aunque aún tengo reminiscencias de tu paso por mí:

de cuando era niña,

de ver sufrir a mi madre y mis hermanos.

Después fui prisionera de mi propia inocencia e ignorancia,

y un ser se apoderó de mi existencia.

Casi treinta años al servicio de una rehabilitación por drogas,

la abstinencia,

la necesidad de una vida normal.

Hace pocos años, la muerte de mi madre.

El padre que se esfumó.

El abandono de un ser amado.

No soy ajena a ti,
pero no puedo gobernarte.

Tú llegas a mí siempre de improvisto,
sin hacer ruido,
sin darme pistas.

Tú eres como el mercurio:
de pronto estás,
y de pronto desapareces.

Te guardo rencor,
porque de ti nació el miedo,
que brota del dolor recibido
y que nos hace prudentes y precarios,
que nos enseña a esquivar los riesgos.

Resbalaré sobre tus lágrimas en busca del vértigo,
saciaré tu sed de amor,
restauraré daños y heridas.

Retiraré de mis manos las caricias que quiero darte,
retiraré de mis ojos tu visión.

Amor I

Tú está en mí,
tú existes porque yo vivo.

No soy música,
no soy olor,
no soy sabor,
no soy caricia,
ni frío, ni calor.

Soy amor.

Cabalguemos

¡Amémonos, mi vida!

disfrutemos,

cabalguemos sobre nuestros sentimientos

y huyamos hacia la libertad.

Nada

Es despertar

y no sentir tu presencia por ningún lado.

Nada:

es la muerte,

que tu piel y mi piel no vuelvan a rozarse,

que tus ojos y los míos no se crucen mirándose.

Nada:

es como una ola que vuelve al mar

y no deja huella de su presencia;

el cielo vacío,

sin pájaros,

ni nubes,

ni estrellas.

Nada:

es una lágrima llena de vértigo,

conteniendo recuerdos que exaltan el corazón.

Nada:

es el corazón vacío,

apurado de sangre,

que no bombea ni contrae ningún sentimiento.

Ángel

Luz,

te has ido hasta el sitio al que perteneces,

porque tú eras un ángel.

Te deseo buen viaje,

y que encuentres todos tus anhelos e ilusiones.

Siempre serás mi ángel,

y nunca te olvidaré,

mi amor.

A toda vela

El río de tus ojos me arrastra hacia el mar inmenso,
sin márgenes, sin dirección.

Hay recodos en los que dudo
de la dirección hacia dónde voy.
Pero me siento segura,
como el paso de un torero cuando embiste a un toro.

Sangre, fuego, todo me envuelve,
y gozo.

Los remolinos de tu pelo
se me antojan como laberintos misteriosos.
La duda me invade,
pero me iré al final del mundo contigo.

No hay paredes en nuestros sueños,
solo ilusión,
y a toda vela.

Siempre juntos, sin dudas.
Como una estatua que evoca un tiempo antiguo,
pero es el cimiento de un gran futuro.

La Muralla China se retorcerá de envidia.
¡Calla!
Que los sabios nos espían
y difundirán nuestro secreto.

Entre dos aguas me muevo.
El río y el mar me llevan.
El mundo entero sabrá qué siento.

Tú serás mi remero,
y navegaremos el universo
entre tus ojos y mi pecho.

Nuestro proyecto vestirá suspiros,
deseos y encuentros,
viajes, fantasías y besos.

Andy, nuestra fantasía será un gran ejemplo.

Recataré el tamaño de mi esencia

Soy el nexo establecido entre hombre y mujer.

El lazo que une el odio y el amor.

El padre de la ira

y de la compasión.

La tierra

Labrar mi alma como a la tierra
fértil, hace fruto mi corazón y mis sentimientos.
Madura con hielo y fuego,
danzan la locura.

Exhalaré tu perfume para no olvidarte.
Penetra en mis sentidos
para ser tú.

Soy cimiento del universo

Soy el ondulado río que llega al mar.

Soy la brisa que acaricia tu pelo.

Soy el beso del deseo.

Soy el eco de tu voz.

Vergüenza

Me retuerzo como un olivo
en un gesto de vergüenza.

Soy un fraude,
una ostentación de persona.

De noche

La noche parió la luna y la aurora

Tus besos paren

mis mejillas rojas.

Amor

El corazón se desmelena
frente a tus ojos.

Mi vuelo
no tiene fin.

Andy

Eres el sol de mi vida,
la luz que guía mi camino.

El canto

Calla tu silencio
y llama al ruiseñor
que habita en tu garganta.

Alianza I

Yo vibraré por tus gritos,
ni la música ni la danza
arrancarán un solo movimiento.

Levitaré
y suspiraré
con tu aliento.

Alianza II

Alianza de amor, alianza de paz
complicidad en las cosas buenas,
razones de complicidad.

El otoño marchitará mis ojos,
tu visión reanimará mi alma.

Contradecir la vida,
la contracorriente de una ola
me convierte en espuma,
y un beso tuyo me doma.

Ilusión

Conforme se deshoja a un árbol,
así se desnudan mis ilusiones.

Abrázame
como la enredadera se aferra al árbol,
que hojas broten de tu fuerza.

Prestaré mis hojas
a las mariposas volando.

Mi jardín

Miro mis plantas trepadoras
y siento cómo la salvia —la vida—
empolla sus ojos verdes,
alegres, gráciles.

Hoy voy a regar.

Me estremezco

Dios aprieta su puño
en mis vísceras.

Hace que mis emociones se zarandeen,
y quiera compartirlo
con todos vosotros.

Soy una privilegiada,
sin lugar a dudas.

María Carla

Tú eres la rosa del jardín.

Tus numerosos pétalos fraguan la belleza que hay en ti.

Cuando el arte brilla, nuestras miradas son atraídas para admirarte.

Gracias por tu existencia

y por tu amor.

Con cariño,

Begoña y Andy.

Simo

Tú eres la cala,
mi flor preferida:
elegancia, sencillez y dulzura.

Para mí, simbolizas no solo belleza,
sino también las relaciones más tiernas
con tu entorno y tu familia.

Te amo sin fisuras,
y para siempre.

Con cariño,
Begoña y Andy.

Sara

Tú me recuerdas al hinojo:
flor refrescante y renovadora,
libre, pura.

Justo como eres tú:
luz que se renueva,
aliento que inspira,
madura como un melocotón
derritiéndose en nuestro paladar.

Tu simpatía me contagia
y me hace cómplice
de todas tus aventuras.

Feliz cumpleaños.
Te amo.

Con cariño,
Begoña y Andy.

Sole

Tú eres sol,

alimento de todas las flores que nos rodean.

Sol: todos giramos a tu alrededor

para nutrir el alma

y disipar las sombras que nos acechan.

De hecho, cuando tú naciste,

fue un amanecer en nuestra vida.

Te amo, mi sol.

Con cariño,

Begoña y Andy.

Roberto

Cuando llegues a la cima,
estaré yo, esperándote con los brazos abiertos, Roberto.

Mi Roberto, mi amor.

Por siempre tuya.

Harold

La sonrisa elegida entre todos mis recuerdos.

Qué libre me siento cuando estoy contigo.
Eres mi amigo del alma.

Cada reencuentro contigo
es una sensación de liberación.

Te quiero tanto.
Por siempre.

Amigos

Disfrutar de una amistad
más allá de la complicidad,
están los rasguños que deja la convivencia.

Saber mantenerse en el barco,
a pesar de los pesares.
Amar sin fronteras, incondicionalmente.

Saber que la carne de tus amigos es la tuya,
y que cualquier moratón se refleja en ti,
como en un hijo o en un hermano.

Sé que la pasión nos ha cegado muchas veces,
y no hemos visto.
Nos han cegado, insensibilizado,
y la esencia de todo se diluye
en espejismos contradictorios.

Pero, a pesar de todo,

nuestro viaje ha sido maravilloso y victorioso.

Aunque aún nos quede algo de camino.

Aunque nos falte Amparo, nuestras madres.

Abrazo

Lo nuestro será un lazo inamovible.

La recompensa de un abrazo
es siempre necesaria,
y cuánto la echo de menos.

Tromba marina

Estoy en el medio del mar inmenso,

las olas me balancean,

y el húmedo sentir,

el frío y el sol,

me hacen brillar.

Mi infancia se la tragó un remolino,

mi alma vaga por reminiscencias.

Te busco y no te encuentro.

Abrazo mi amor

como las olas abrazan el tiempo…

mientras una garganta

me da paseos.

San Antonio, vuelta a casa

En este instante he llegado de Valencia, de ver a mi amiga
Lola. Maravilloso.

Cada vez que la veo,

mi piel se desgarra como una granada al tocar el sol,

y me queda un regusto en el espíritu de libertad.

Como un abrigo que llevas cuando hace calor,

y el alivio que se siente al quitártelo

y sentir la brisa fresca que abanica el alma.

De nuevo el tabaco que suaviza mi tensión,

el humo: la carcoma que devora mi voluntad,

pero con recuerdo a ti.

Solo me ha pesado no ver a Salva.

Os amo infinitamente,

aunque me juzguéis constantemente.

Roberto

Tú eres el "amor mismo" que me ha regalado
tus más nobles sentimientos.

El que ha desnudado todos los disfraces ante la vida,
quien ha labrado el alma que tengo,
el amor desnudo que protege mi ser.

Tú has sido siempre mi bebé,
mi niño travieso y revoltoso.

Sé que siempre viviré contigo,
sin conflicto, sin adversidades.

Tú eres el amor.
Yo me reflejo en ti,
y en los hijos que tú me has dado.

Gracias por hacer de mí
la mujer que soy.

Con amor infinito.

Rebeca

Me gustaría susurrarle al viento un mensaje

y que lo llevara a tu corazón;

que te hiciera chispear como agua de lluvia,

burbujear como una copa de champán, Rebeca, mi primogénita.

Tesoro del azul de los azules,

bondad de las bondades,

estrella de mi alma.

Muchas veces, en mi imaginación,

te cojo de la mano y te llevo a visitar a Dios,

para que te bendiga,

te dé las fuerzas que necesitas para seguir,

refuerce tu ingenio y tu ánimo.

Quiero que seas feliz, hija mía.

Quiero que sepas que de mí hay tú,

y de ti hay yo.

Aquello que seréis

Señor,
llena de esperanza y amor a tus hijos.

Si alguna vez fui madre,
lo fui por mis dos hijos,
que me trajeron al mundo
en un grito de vida que son los dos.

No puede haber mayor orgullo
que el que yo siento por vosotros.

Girará la tierra,
girará,
y mi eje quedará intacto.

Aferrada a él,
descubro nuestras virtudes, defectos y anhelos,
que harán de vosotros
aquellos que seréis.

A mi amada princesa, Rebeca

Ni mil pensamientos milenarios de sentimientos que traducir,

ni divagar en tertulias amistosas que banalizan la calidad irresponsable de tu evasiva,

te darán referencia...

Pues más allá de ti misma están tus necesidades,

la urgencia de tu verdadera existencia,

la necesidad de que fragüen las raíces de tu esencia,

paridas por tu valor, esfuerzo, reconocimiento y amor propio.

Debes saber que el libro de aprendizaje más útil de tu vida

será aquel que construyas recogiendo las huellas de tus propios pasos:

ramilletes de acciones que te harán reír,

otras llorar,

y todas te darán motivos para reflexionar con provecho.

Ramilletes a los que podrás acudir,

como quien acude a su baúl de tesoros,

para detenerse y contemplar la importancia del momento en que fueron adquiridos.

Tú misma realizaste un trabajo en el que expresabas
la importancia y trascendencia de "los hechos".

No dejes que tu espíritu suelte de la mano la tenacidad,
una de tus mejores aliadas innatas.

Dale a tu reflejo un espejo limpio,
sin residuos, simulacros ni velos que tiñan tu verdadera
alma, tu esencia.

Reconoce y responde siempre a tus verdaderas necesidades,
sin atajos ni contemplaciones.
¡Con valentía!

El tiempo

El tiempo nos arrebata, en susurros, los momentos.

Hipnotizados por la vida, ni siquiera nos damos cuenta,

pero el muy ladrón nos lo roba todo:

el nacimiento, la adolescencia, la infancia, los seres queridos, los instantes…

¡Todo!

No es fraguable,

pero se clava como la hoja de un cuchillo en nuestro corazón,

en nuestros sentimientos,

y en todo lo que ha de recordarse.

Nos aja como el mar aja las rocas.

Nos quedamos,

pero él absorbe lo mejor de nosotros mismos.

Trasciende,

pero nos inmoviliza.

Es digno de amor,
pero se escurre como arena entre los dedos.

Sí, quiero estar,
pero me molesta el tiempo:
la espera que hace de nosotros un interrogante,
sin fuerza,
sin respuesta.

Amor mío

Tu recuerdo abruma mis sentidos.
Tu amor es el más exquisito del mundo.

Eres dulce como un sorbo de vino,
como un atardecer en Cala Grotta,
como el agua junto a las rocas de mi Sardegna.

Pensarte es estar
en un campo de almendros en flor,
una mañana contigo,
previa al amor.

Me gusta cómo eres:
tu paso pausado,
tu paciencia,
tu forma de escuchar,
de descubrir el mundo.
Cómo has vivido la evolución de tus hijos,
cómo los amas,

cómo los guías.

Tu forma de ser papá me ha sorprendido:
equilibrio entre libertad y corrección.
Con tu ejemplo,
Dios ha aliviado mi culpa.

Eres el mejor papá que he conocido.
Te amo.
Siempre seré tuya.
Eternamente.

Corazón

Tú no eres Roberto,
ni Robi,
ni nada.

Eres mi corazón.
El que bombea mi vida,
mis impulsos,
mis alegrías.

El que me ha dado dos hijos,
el que me ha hecho conocer
el placer...
y la agonía de estar sin ti.

El que me hace sentir escalofríos
cuando escucho música
o veo algo extraordinario.

Eres mi pulso.

Amor II

Te amo tanto,

y soy tan tú,

que me desvanezco

en una bruma de mil colores

cuando me miras.

Siempre y solo seré tuya.

Te amo inmensamente,

y siempre estaré contigo.

Para ti, Andy

Tu fantasía
es la base de mis anhelos.

Tu madre,
para siempre.

Mi jardín

He llorado,
y he regado con mis lágrimas
las flores de mi vida:
Roberto, Rebeca y Andrés.

Despedida

No puedo, no quiero,
pero sé que me estoy alejando.

Y me duele tan profundamente que me pierdo,
y no sé si es físico o moral.

Es increíble perder tu abrazo,
tus manos acariciándome,
tu sonrisa contagiosa.

León de mis sentidos,
sin tu mano acompañándome a todos sitios.

Mi guardián,
mi ángel,
voy hacia la bruma que emiten tus lágrimas,
que me perforan como ácido en la piel.

Solo te puedo decir que, aunque desaparezca,
tu imagen perdurará en mí para siempre.

Tú eres mi alma,
mi corazón
y mis vísceras.

Quisiera ser

Quisiera ser la guitarra de Jimi Hendrix:
abrazada por él,
mientras sus dedos me gocean.

Quisiera ser flamenco
que brota de la garganta de Rosalía.
Una flor, una lágrima
que contiene todo tu dolor.

Quisiera ser el remolino de una ola,
un pensamiento que vuela,
una mariposa posada en tu boca,
una risa loca,
el canto de un ruiseñor,
el pincel de Goya,
jugo de fresa
y tu amor.

Quisiera ser una hoguera
con sus llamas bailando flamenco.
Quisiera ser amor para todos los vacíos,
la tinta de tus versos,
la inspiración en tu madera esculpida.

Adiós

En 2014 tuve un ictus,
lo que amputó parte de la sensibilidad de medio cuerpo.

Son diez años que arrastro a mi aliento.
Ya no puedo más. Disculpadme.

Llevaré a todos mis seres queridos conmigo,
hasta siempre… o hasta nunca.

Adiós, amor.
Adiós, poesía.
Adiós a todos aquellos
que han significado más que algo en mi vida.

He sido feliz.
He tenido una vida de cuento,
pero no fue un cuento.

Y vosotros,
que me habéis dado tanto,
lo compartisteis conmigo.

Os amo.
Adiós.

Cierre

Este libro es una constelación de amor, lucha, ternura y conciencia. Es el testimonio de una mujer que convirtió su vida en poesía.

Este libro es mucho más que una recopilación de poemas, cartas y reflexiones. Es el testimonio de una vida vivida con intensidad, con dolor, con amor, con fe. A través de sus palabras, la autora nos ha permitido entrar en su mundo interior, compartir sus recuerdos, acompañarla en sus duelos, y celebrar con ella los vínculos que han marcado su existencia. Cada texto es una pieza de un mosaico emocional que, al completarse, revela una voz única, valiente y profundamente humana.

La autora no escribe para impresionar, sino para expresar. Su lenguaje es directo, sincero, a veces crudo, otras veces delicado. No hay artificio en sus versos, sino verdad. Y en esa verdad, encontramos belleza. Nos habla desde la experiencia, desde la memoria, desde el corazón. Leerla es acompañarla en su camino, reconocer nuestras propias heridas, y encontrar consuelo en su mirada compasiva. Sus palabras no buscan respuestas, sino compañía. No ofrecen soluciones, sino presencia.

A lo largo de estas páginas, hemos recorrido paisajes físicos y emocionales: Andalucía, Galicia, San Antonio, el mar, el cielo, el cuerpo, el alma. Hemos conocido a sus seres queridos, vivos y ausentes, y hemos sentido con ella la fuerza de la maternidad, la fragilidad del amor, la dureza del abandono, la esperanza de la fe. Hemos visto cómo el dolor se transforma en palabra, cómo la pérdida se convierte en canto, y cómo la memoria se vuelve luz.

Cada poema es una estación del viaje. Cada carta, una ofrenda.

Este libro no pretende cerrar una historia, sino abrir espacios de reflexión. Es un homenaje a quienes han marcado su vida, y también una invitación a mirar la nuestra con más ternura. Aquí se honra la maternidad, la amistad, la espiritualidad y la capacidad de amar incluso en medio del dolor. La autora nos recuerda que la escritura puede ser un acto de sanación, y que compartir lo vivido es una forma de resistir el olvido. Su obra es un puente entre lo íntimo y lo colectivo, entre lo vivido y lo sentido.

A quienes han leído estas páginas, les queda el eco de una voz que no se apaga. Una voz que ha sabido nombrar lo invisible, abrazar lo perdido, y celebrar lo que permanece. Este libro es un legado, una ofrenda y, sobre todo, una muestra de que la vida, por difícil que sea, merece ser contada. Gracias por acompañarla. Gracias por sentir con ella. Que estas palabras sigan resonando en cada lector, como una caricia, como una pregunta, como una luz.

Este cierre no es una despedida. Es una pausa. Una respiración profunda antes de seguir adelante. Porque la autora, mi madre, tan querida por tantos, ha dejado en estas páginas un pedazo de sí misma que seguirá vivo. Y quienes la lean, la escuchen, la recuerden, sabrán que aquí hay verdad, hay amor, hay alma. Que aquí está una parte de ella.

Rebeca Zurru Fernández